AF533577

Ulrike Stöckle

Die Hilfe der Engel im Alltag

NOEL-Verlag

Originalausgabe
November 2017

NOEL-Verlag GmbH
Achstraße 28
D-82386 Oberhausen/Obb.

www.noel-verlag.de
info@noel-verlag.de

Die Deutsche Bibliothek verzeichnet diese Publikation in der Deutschen Nationalbibliografie, Frankfurt; ebenso in der Bayerischen Staatsbibliothek in München.

Autor: Ulrike Stöckle
Urheberrecht Inhalt: Ulrike und Marion Stöckle
Covergestaltung: NOEL-Verlag

1. Auflage
Printed in Germany
ISBN 978-3-95493-251-1

Engel sind ein Teil von dir, der in Gott ist
und der dich stets begleitet.

Elmar Gruber

Vorwort

Das derzeit große Interesse für Engel ist ein Zeichen, dass wir Menschen die Hilfe von oben sehr nötig haben. Es ist an der Zeit, unser Bewusstsein zu entwickeln und uns für die himmlischen Energien zu öffnen. Engel gibt es viele, doch es liegt an uns, sie um ihre Mithilfe zu bitten, damit wir die Aufgaben, die auf uns zukommen, auch meistern können. Jeder von uns hat eine Schar mächtiger Lichtwesen um sich. Engel stehen alle für einen Wesenszug Gottes, alle Fähigkeiten verdanken sie ihm.

Engel haben eine leichtere Schwingung als wir Menschen. In der Meditation können wir am leichtesten Kontakt zu ihnen herstellen. Wenn wir die Engel einladen an unserem Leben teilzunehmen, öffnen wir das Tor, und die Engel beginnen aktiv an unserem Leben teilzuhaben. Wir öffnen uns für die Schwingungen der Engel, und unsere Wahrnehmung wird dadurch gestärkt. Die Engel schenken uns Liebe und helfen uns, inneren Frieden zu finden.

Ulrike Stöckle

Inhaltsverzeichnis

Die Hilfe der Engel im Alltag

Kontaktaufnahme mit den heiligen Engeln
und wie sie dir in deinem Lebensalltag hilfreich zur Seite stehen.

Die Hilfe der Engel im Alltag

Die Arbeit mit den Engeln zeigt dir einen Weg, wie du dein Bewusstsein erweitern kannst und dein wahres Wesen leben kannst. Die Engel zeigen dir, wie du an deinen strahlenden inneren Kern gelangen kannst, der voller Liebe, Weisheit und Kraft ist.

Du kannst mit Hilfe der Engel deine Gesundheit wiederherstellen, eine erfüllende Liebe finden, deinen Lebensplan erkennen und dich spirituell entfalten. Du findest mit Hilfe der Engel innere Ruhe und Selbstvertrauen, deine Intuition steigern, dich besser ausdrücken in Wort und Schrift. Du kannst frei, unabhängig und erfolgreich werden.

In der ‚Traditionellen Engellehre' werden die Engel als kosmische Energien betrachtet, die auch in dir wirken. Auf deinem Lebensweg erhältst du ständig Impulse von den Engeln, manchmal kannst du sie aber nicht erkennen.
Durch Gebet und Meditation schaffst du einen heiligen Raum in dir, sodass Gott und die Engel in dir und durch dich wirken können. Durch die spirituelle Achtsamkeit, die du mit Hilfe der Engel entwickelst, erhältst du immer mehr Inspiration und Weisheit, die du im Alltag leben und integrieren kannst. Je mehr du in dein inneres Gleichgewicht kommst, desto besser kannst du wahrnehmen, wo du durch innere Ängste und Zwängen blockiert bist und diese mit Hilfe der Engel transformieren. Viele positive Aspekte sprechen dafür, Spiritualität im Alltag zu leben: Du erkennst den tiefen Sinn in deinem Denken und Handeln, und du erreichst eine Steigerung deiner Kreativität, das wirkt sich positiv auf deine Ideen und deine Entscheidungsfähigkeit aus. Mit der traditionellen Engellehre erhältst du ein Werkzeug und eine Arbeitsstruktur, wie du mit Hilfe der Engel dein Leben erfolgreich und liebevoll gestalten und deine göttlichen Tugenden entwickeln kannst.

Alle Engelsenergien sind miteinander verbunden, jedoch immer, wenn du mit einem bestimmten Engel arbeitest, ist das göttliche Licht auf diese bestimmte Energie gerichtet, auf die du deine Aufmerksamkeit richtest. Durch das Anrufen der Engelnamen erschaffst du ein Schwingungsfeld, das dich mit der Energiefrequenz des Engels verbindet. In dem Moment, in dem du dich für die Arbeit mit den Engeln entschieden hast, werden in dir deine angeborenen Fähigkeiten wieder aktiviert, und dir steht enorm viel Energie zur Verfügung

Einleitung

Wir Menschen leben in einer Zeit schneller Veränderungen und Herausforderungen, wir fühlen uns ständig überfordert und verlieren uns im Alltagsgeschehen, unsere Kreativität und Produktivität wird eingeengt. Doch genau darin besteht auch unsere Chance. Die Menschheit ist in einer neuen Zeitepoche angekommen, in der uns immer mehr Wissen aus der göttlichen Urquelle zur Verfügung steht. Vieles verändert sich und entwickelt sich weiter. Lichtvolle Energien fließen jetzt verstärkt durch das Universum, und in vielen Menschen erwacht jetzt der Wunsch, ‚den Sinn des Lebens zu verstehen'. Auf dem Weg der Selbsterkenntnis beginnt ein Weg, auf dem das Ziel noch unbekannt ist.

Wir erhalten Hilfe und Unterstützung aus der geistigen Welt. Wie kraftvoll Gott und die Engel helfen können, liegt an jedem einzelnen von uns, es hängt davon ab, wie offen wir für ihre Hilfe sind. Je stärker unser Glaube und unser Vertrauen sind, desto mehr können wir die Engel spüren. Sie stehen innerlich mit uns in Verbindung und geben uns Impulse und Inspiration für ein glückliches Leben. Viele positive Aspekte sprechen dafür, Spiritualität im Alltag zu leben.

Die Engel greifen unsere Visionen (Herzenswünsche) auf, die wir von der inneren Quelle erhalten haben und führen uns auf den Weg, um sie zu erreichen. Sie helfen uns Probleme frühzeitig zu erkennen, damit wir sie umgehen oder stärkend lösen können.

Durch die Integration der Engel in dein Leben vollzieht sich ein innerer Wandel, und du erkennst immer mehr deine innere Stärke.

I. Einführung

Was sind Engel?

Denn er befiehlt seinen Engeln, dich zu behüten auf all deinen Wegen.
Psalm 91,11

Die Engel sind Vermittler zwischen Himmel und Mensch

Engel sind Gedanken Gottes, die Vermittler zwischen dem Himmel und dem Menschen. Sie sind Lenker und Hüter der geistigen Gesetze, sie sind das Licht um uns herum. Die Engel sind intelligente Wesen, die die göttlichen Impulse an uns weiterleiten. Ihre Liebe und Kräfte sind so mächtig und stark, dass es die Grenzen unserer Vorstellungen sprengt. Engel sind aus dem Herzen Gottes geboren. Ihr Licht wirkt in der ganzen Schöpfung in verschieden Formen, Abstufungen und in verschieden Reichen.

Es gehört zu den geistigen Gesetzen, dass jeder Engel seiner Natur entsprechend uns Menschen zur Seite steht. Jeder Engel steht in dienender Liebe, seiner Qualität entsprechend, uns im Alltag und in unserer spirituellen Entwicklung unterstützend zur Seite. Die Engel des Lichtes respektieren den freien Willen des Menschen, sie erscheinen und helfen, wenn man sie darum bittet oder wenn die göttliche Vorsehung es erlaubt. Wenn wir uns auf die Schwingung der Engel einstellen, erfahren wir Freude und Glück in allen Bereichen unseres Lebens.

Was sind die Engel der Kabbala?

Die ‚Traditionelle Engellehre' ist ein Teil der Kabbala.

Die 72 Engelnamen stellen den psychologischen Aspekt (Seelenpsychologie) der Kabbala dar und erklären die 72 ‚Göttlichen Bewusstseinszustände'.

Jeder Engel ist Träger eines mystischen hebräischen Namens.

Jeder Name ist: In Worte gefasste Buchstaben, die symbolisch ein oder mehrere Qualitäten ausdrücken. Jeder Name erzeugt ein Schwingungsmuster, das uns mit der Energie des Engels verbindet. Dadurch wird unser Bewusstsein erleuchtet und unser Wesen mit Kraft, Liebe und Energie aufgeladen, und wir bekommen Impulse und Einsichten.

Jeder Mensch bekommt in Übereinstimmung mit dem Tag seiner Geburt, durch energetische Anziehung, drei Engel (physisch, emotional, mental) zu seinem Schutz, Führung und Hilfe zugeordnet. An den Qualitäten, die deine persönlichen Schutzengel haben, kannst du deine Stärken erkennen, die du mit in dieses Leben gebracht hast und mit Hilfe des Engels entwickeln kannst.

In der christlichen Tradition ist das Universum eine Hierarchie! Die Engel sind unterschiedlichen Hierarchien (Schwingungen) zugeordnet. Man nennt sie auch

die 9 Engels-Chöre, weil ihre Stimmen Lobpreisungen an Gott sind. Sphärenmusik ist die Grundschwingung des Universums. Durch die Engel gelangt das Licht zu uns.
Mit den Engeln der ‚Traditionellen Engellehre' erhältst du ein Werkzeug und eine Arbeitsstruktur, wie du mit Hilfe von Gott und den Engeln dein Leben harmonischer, erfolgreicher und liebevoller gestalten und deine göttlichen Tugenden und Qualitäten entwickeln kannst.
Alle Engel-Energien sind ständig miteinander verbunden, jedoch immer, wenn du mit einem bestimmten Engel arbeitest, strahlt das göttliche Licht auf die Energie, auf die du deine Aufmerksamkeit richtest. Durch das Anrufen des Engels erschaffst du ein Schwingungsmuster, das dich mit der Energiefrequenz des Engels verbindet. In dem Moment, in dem du dich entscheidest mit den Engeln zu arbeiten, werden in dir deine angeborenen Fähigkeiten wieder aktiviert, und es steht dir enorm viel Energie zur Verfügung. Mit den Engelenergien zu arbeiten, ist eine bewusste Arbeit mit göttlichen Energien, die eine wohltuende Wirkung auf Körper, Geist und Seele hat.

Die Hierarchien der Engel

Die christlichen Kabbalisten kennen neun Engels-Chöre
mit jeweils acht Engeln, über die ein Erzengel regiert.

1. **<u>Hierarchie Engelsfürst Metatron, Engelschor Seraphim</u>**
   Engel der Liebe, sie helfen uns, unser Schicksal innerhalb der kosmischen Gesetze zu erkennen.

Metatron: Hüter des Göttlichen Lichtes, sein Name bedeutet ‚der bei dem Thron Stehende', sein Symbol steht für den höchsten Willen, der uns auf die höchste Form des ‚da Seins' aufmerksam macht.

1. Vehuiah - Essenz des Engels: Willenskraft
2. Jeliel - Essenz des Engels: Liebe
3. Sitael - Essenz des Engels: Verwirklichung
4. Elemiah - Essenz des Engels: Göttliche Macht
5. Mahaisiah - Essenz des Engels: Göttliche Ordnung
6. Lelahel - Essenz des Engels: Göttliches Licht
7. Achaiah - Essenz des Engels: Geduld
8. Cahetel - Essenz des Engels: Göttlicher Segen

2. **Hierarchie, Engelsfürst Raziel, Engelschor Cherubim**
   Engel der Weisheit, sie helfen uns bei unserer spirituellen Entwicklung und führen uns zur Weisheit.

Raziel: Göttliche Weisheit, sein Name bedeutet, der Ausgesandte, sein Symbol steht für unsere Kräfte und Handlung, damit wir sie in die Richtung lenkt, und sie mit dem tiefen Sinn des Daseins in Einklang bringen.

9. Haziel - Essenz des Engels: Göttliche Liebe und Vergebung
10. Aladiah - Essenz des Engels: Göttliche Gnade und Beharrlichkeit
11. Lauviah - Essenz des Engels: Göttlicher Sieg
12. Hahaiah - Essenz des Engels: Himmlische Zuflucht und Schutz
13. Iezalel - Essenz des Engels: Treue
14. Mebahel - Essenz des Engels: Wahrheit und Freiheit
15. Hariel - Essenz des Engels: Klarheit und Reinigung
16. Hekamiah - Essenz des Engels: Loyalität

3. **Hierarchie, Engelsfürst Zafkiel, Engelschor Throne**
   Sie helfen uns den Sinn unser Prüfungen zu verstehen.

Engelsfürst Zafkiel
Zafkiel: Kosmische Intelligenz, sein Name bedeutet: Erblicker des Auge Gottes. Zafkiel sorgt dafür, dass wir innerlich die für uns notwendigen Grenzen sprengen und enthüllt uns alles, was wir wissen müssen.
Er leitet den Weg der Menschen durch alle Inkarnationen, das Schicksal der gesamten Menschheit, den Weg der Sterne, und des Universums.

17. Lauviah - Essenz des Engels: Offenbarung
18. Caliel - Essenz des Engels: Wahrheit und Gerechtigkeit
19. Lauviah - Essenz des Engels: Wohlstand
20. Pahaliah - Essenz des Engels: Reinheit und Erlösung
21. Nelkahel - Essenz des Engels: Wissen und Erkenntnisse
22. Yeiayel - Essenz des Engels: Berühmtheit
23. Melahel - Essenz des Engels: Gesundheit und Heilung
24. Haheuiah - Essenz des Engels: Schutz

4. **Hierarchie, Engelsfürst Zadkiel, Engelschor Gewalten**
   Sie helfen uns, unseren freien Willen zu entwickeln.

Zadkiel: Der Gerechte Gottes, er ermöglicht es uns, unsere Kräfte, Mittel, Vorteile und Gelegenheiten auf die richtige Weise zu nutzen. Er verkörpert Gottes Güte und Barmherzigkeit, vermittelt die Göttliche Gnade, er hilft denen, die vom Weg abgekommen sind.

25. Nith-haiah - Essenz des Engels: Innere Ruhe und Göttliche Weisheit
26. Haaiah - Essenz des Engels: Feingefühl und Diplomatie
27. Yerathel - Essenz des Engels: Vertrauen
28. Seheiah - Essenz des Engels: Voraussicht
29. Reiyel - Essenz des Engels: Befreiung
30. Omael - Essenz des Engels: Vermehrung
31. Lecabel - Essenz des Engels: Entscheidungsfähigkeit
32. Vasariah - Essenz des Engels: Gerechtigkeit und Güte

5. <u>Hierarchie Engelsfürst Kamael, Engelschor Kräfte</u>

Sie stärken uns und sorgen für Gerechtigkeit.

Kamael: Die Flamme Gottes: Verluste zu überwinden, Disziplin zu wahren und die nötigen Opfer zu bringen. Hüter der Schwelle. Hüter des Weges, Hüter der zwischenmenschlichen Beziehungen und der Partnerschaft.

33. Yehuiah - Essenz des Engels: Unterordnung
34. Lehahiah - Essenz des Engels: Gehorsam
35. Chavakhiah - Essenz des Engels: Versöhnung
36. Menadel - Essenz des Engels: Arbeit
37. Aniel - Essenz des Engels: zerbricht die Ketten
38. Haamiah - Essenz des Engels: Rituale
39. Rehael - Essenz des Engels: familiäre Liebe
40. Ieiazel - Essenz des Engels: Trost und Freude

6. <u>Hierarchie Engelsfürst Michael, Engelschor Gewalten</u>

Sie helfen uns unseren freien Willen zu entdecken.

Michael: Der Gott ähnliche. Er lenkt uns zu unserem wahren Ziel. Er hilft uns bei der Überwindung unseres niederen Selbst und führt uns zu Selbstbefreiung. Einer, der wie Gott ist, ‚Kosmisches Christus Licht der Welt'. Kämpfer des Lichtes in der Geistigen Welt und in der ganzen Schöpfung.

41. Hahahel - Essenz des Engels: Spiritualität
42. Mikael - Essenz des Engels: Organisation
43. Veuliah - Essenz des Engels: Wohlstand
44. Yelahiah - Essenz des Engels: Himmlischer Beschützer
45. Sealiah - Essenz des Engels: Motivation
46. Ariel - Essenz des Engels: Offenbarung
47. Asaliah - Essenz des Engels: Kontemplation
48. Mihael - Essenz des Engels: Fruchtbarkeit

7. **Hierarchie Engelsfürst Haniel, Engelschor Fürstentümer**
   Sie sensibilisieren uns für die Schönheit dieser Welt

Haniel: Die Gnade Gottes, er gibt uns Antriebskraft, Lebensmut und Empfindsamkeit, Schönes zu schaffen und zu schätzen. Göttliches verzeihen, Engel der ‚Allumfassenden Liebe', Hüter der Sanftheit und der Zärtlichkeit.

49. Vehuel - Essenz des Engels: Erhabenheit
50. Daniel - Essenz des Engels: Sprachgewandtheit
51. Hahasiah - Essenz des Engels: Universalmedizin
52. Imamiah - Essenz des Engels: Überwindung von Hindernissen
53. Nanael - Essenz des Engels: geistige Kraft
54. Nithael - Essenz des Engels: Schönheit
55. Mebahiah - Essenz des Engels: Intelligenz
56. Poyel - Essenz des Engels: Glück

8. **Hierarchie Engelsfürst Raphael, Engelschor Erzengel**
   Sie helfen uns zum Zugang zum universellen Wissen des Kosmos

Raphael: Der Heiler Gottes. Er lenkt unser Bewusstsein, und vermittelt Heilung. Er heilt die Gedanken und Seelenkräfte.

57. Nemamiah - Essenz des Engels: Unterscheidungsvermögen
58. Yeialel - Essenz des Engels: Geistesstärke
59. Harahel - Essenz des Engels: Reichtum
60. Mitzrael - Essenz des Engels: Wiederaufbau
61. Umabel - Essenz des Engels: Freundschaft
62. Iahhel - Essenz des Engels: Wahres Wissen
63. Anauel - Essenz des Engels: Einheit
64. Mehiel - Essenz des Engels: Inspiration

9. **Hierarchie Engelsfürst Gabriel, Engelschor Engel**
   Sie stehen uns auf dem Weg der Realisation zur Seite. Sie herrschen.

Gabriel: Der Verkünder Gottes. Hüter von Geburt und Tod

65. Damabiah - Essenz des Engels: Quelle der Weisheit
66. Manakel - Essenz des Engels: Erkenntnis von Gut und Böse
67. Eyael - Essenz des Engels: Verwandlung
68. Habuhiah - Essenz des Engels: Heilung
69. Rahael - Essenz des Engels: Rückerstattung
70. Jabamiah - Essenz des Engels: Alchemie
71. Haiaiel - Essenz des Engels: Beschützt
72. Mumiah - Essenz des Engels: Erneuerung

Persönliche Schutzengel

In diesen neun Engel-Hierarchien befinden sich auch deine persönlichen Schutzengel. Die Namen deiner Schutzengel lassen sich anhand deines Geburtsdatums (physisch und emotional) und der Uhrzeit (mental) ermitteln.
Die Qualitäten und Eigenschaften, die diesen Engeln angehören, sind dir ‚in die Wiege gelegt', und deine Seele hat sich dafür entschieden, dass du diese Charaktereigenschaften in deinem Leben entwickeln und integrieren möchtest.

Du hast 3 Schutzengel zur Seite:

1. Auf der physischen Ebene (= Geburtstag)
2. Auf der emotionalen Ebene (= Geburtstag)
3. Auf der mentalen Ebene (= Geburtszeit)

Engel-Nr.	Geburts-datum	Physischer Geburts-/ Schutz-engel	Zuge-höriger Erzengel	Zuge-höriger Chor
1	21.03. – 25.03.	Vehuiah	Metatron	Chor der Sera-phim
2	26.03. – 30.03.	Jeliel	Metatron	Chor der Sera-phim
3	31.03. – 04.04.	Sitael	Metatron	Chor der Sera-phim
4	05.04. – 09.04.	Elemiah	Metatron	Chor der Sera-phim
5	10.04. – 14.04.	Mahasiah	Metatron	Chor der Sera-phim
6	15.04. – 20.04.	Lelahel	Metatron	Chor der Sera-phim
7	21.04. – 25.04.	Achaiah	Metatron	Chor der Sera-phim
8	26.04. – 30.04.	Cahetel	Metatron	Chor der Cheru-bim
9	01.05. – 05.05.	Haziel	Raziel	Chor der Cheru-bim
10	06.05. – 10.05.	Aladiah	Raziel	Chor der Cheru-bim
11	11.05. – 15.05.	Lauviah	Raziel	Chor der Cheru-bim
12	16.05. – 21.05.	Hahaiah	Raziel	Chor der Cheru-bim

13	22.05. – 26.05.	Iezalel	Raziel	Chor der Cherubim
14	27.05. – 31.05.	Mebahel	Raziel	Chor der Cherubim
15	01.06. – 05.06.	Hariel	Raziel	Chor der Cherubim
16	06.06. – 10.06.	Hekamiah	Raziel	Chor der Cherubim
17	11.06. – 16.06.	Lauviah	Zaphkiel	Chor der Throne
18	17.06. – 21.06.	Caliel	Zaphkiel	Chor der Throne
19	22.06. – 26.06.	Leuviah	Zaphkiel	Chor der Throne
20	27.06. – 01.07.	Pahaliah	Zaphkiel	Chor der Throne
21	02.07. – 06.07.	Nelkhael	Zaphkiel	Chor der Throne
22	07.07. – 11.07.	Yeiayel	Zaphkiel	Chor der Throne
23	12.07. – 16.07.	Melahel	Zaphkiel	Chor der Throne
24	17.07. – 22.07.	Haheuiah	Zaphkiel	Chor der Throne
25	23.07. – 27.07.	Nith-Haiah	Zadkiel	Chor der Herrschaften
26	28.07. – 01.08.	Haaiah	Zadkiel	Chor der Herrschaften
27	02.08. – 06.08.	Yeratel	Zadkiel	Chor der Herrschaften
28	07.08. – 12.08.	Seheiah	Zadkiel	Chor der Herrschaften
29	13.08. – 17.08.	Reiyel	Zadkiel	Chor der Herrschaften

30	18.08. – 22.08.	Omael	Zadkiel	Chor der Herrschaften
31	23.08. – 28.08.	Lecabel	Zadkiel	Chor der Herrschaften
32	29.08. – 02.09.	Vasariah	Zadkiel	Chor der Herrschaften
33	03.09. – 07.09.	Yehuiah	Camael	Chor der Mächte
34	08.09. – 12.09.	Lehahiah	Camael	Chor der Mächte
35	13.09. – 17.09.	Chavakhiah	Camael	Chor der Mächte
36	18.09. – 23.09.	Menadel	Camael	Chor der Mächte
37	24.09. – 28.09.	Aniel	Camael	Chor der Mächte
38	29.09. – 03.10.	Haamiah	Camael	Chor der Mächte
39	04.10. – 08.10.	Rehael	Camael	Chor der Mächte
40	09.10. – 13.10.	Ieiazel	Camael	Chor der Mächte
41	14.10. – 18.10.	Hahahel	Raphael	Chor der Tugenden
42	19.10. – 23.10.	Mikael	Raphael	Chor der Tugenden
43	24.10. – 28.10.	Veuliah	Raphael	Chor der Tugenden
44	29.10. – 02.11.	Yelahiah	Raphael	Chor der Tugenden
45	03.11. – 07.11.	Sealilah	Raphael	Chor der Tugenden
46	08.11. – 12.11.	Ariel	Raphael	Chor der Tugenden
47	13.11. – 17.11.	Asaliah	Raphael	Chor der Tugenden
48	18.11. – 22.11.	Mihael	Raphael	Chor der Tugenden

49	23.11 – 27.11.	Vehuel	Haniel	Chor der Fürstentümer
50	28.11. – 02.12.	Daniel	Haniel	Chor der Fürstentümer
51	03.12. – 07.12.	Hahasiah	Haniel	Chor der Fürstentümer
52	08.12. – 12.12.	Imamiah	Haniel	Chor der Fürstentümer
53	13.12. – 16.12.	Nanael	Haniel	Chor der Fürstentümer
54	17.12. – 21.12.	Nithael	Haniel	Chor der Fürstentümer
55	22.12. – 26.12.	Mebahiah	Haniel	Chor der Fürstentümer
56	27.12. – 31.12.	Poyel	Haniel	Chor der Fürstentümer
57	01.01. – 05.01.	Nemamiah	Michael	Chor der Erzengel
58	06.01. – 10.01.	Yeialel	Michael	Chor der Erzengel
59	11.01. – 15.01.	Harahel	Michael	Chor der Erzengel
60	16.01. – 20.01.	Mitzrael	Michael	Chor der Erzengel
61	21.01. – 25.01.	Umabel	Michael	Chor der Erzengel
62	26.01. – 30.01.	Iahhel	Michael	Chor der Erzengel
63	31.01. – 04.02.	Anauel	Michael	Chor der Erzengel
64	05.02. – 09.02.	Mehiel	Michael	Chor der Erzengel
65	10.02. – 14.02.	Damabiah	Gabriel	Chor der Engel
66	15.02. – 19.02.	Manakel	Gabriel	Chor der Engel
67	20.02. – 24.02.	Eyael	Gabriel	Chor der Engel

68	25.02. – 29.02.	Habuhiah	Gabriel	Chor der Engel
69	01.03. – 05.03.	Rochel	Gabriel	Chor der Engel
70	06.03. – 10.03.	Jabamiah	Gabriel	Chor der Engel
71	11.03. – 15.03.	Haiaiel	Gabriel	Chor der Engel
72	16.03. – 20.03.	Mumiah	Gabriel	Chor der Engel

Geburts-Datum	Emotionaler Geburts-/ Schutzengel	Geburts-Datum	Emotionaler Geburts-/ Schutzengel
01.01.	65 Damabiah	01.02.	25 Nith-Haiah
02.01.	66 Manakel	02.02.	26 Haaiah
03.01.	67 Eyael	03.02.	27 Yerathel
04.01.	68 Habuhiah	04.02.	28 Sehaiah
05.01.	69 Rochel	05.02.	29 Reiyel
06.01.	70 Jabamiah	06.02.	30 Omael
07.01.	71 Haiaiah	07.02.	31 Lecabel
08.01.	72 Mumiah	08.02.	32 Vasariah
09.01.	1 Vehuiah	09.02.	33 Yehuiah
10.01.	2 Jeliel	10.02.	34 Lehahiah
11.01.	3 Sitael	11.02.	35 Chava-khiah
12.01.	4 Elemiah	12.02.	36 Menadel
13.01.	5 Mahasiah	13.02.	37 Aniel
14.01.	6 Lelahel	14.02.	38 Haamiah
15.01.	7 Achaiah	15.02.	39 Rehael
16.01.	8 Cahetel	16.02.	40 Ieiazel
17.01.	9 Haziel	17.02.	41 Hahahel
18.01.	10 Aladiah	18.02.	42 Mikael
19.01	11 Lauviah	19.02.	43 Veuliah
20.01.	12 Hahaiah	20.02.	44 Yelahiah
21.01.	13 Iezael	21.02.	45 Sealiah
22.01.	14 Mebahel	22.02.	46 Ariel
23.01.	15 Hariel	23.02.	47 Asaliah
24.01.	16 Hekamiah	24.02.	48 Mihael
.	17 Lauviah	25.02.	49 Vehuel
25.01.	18 Caliel	26.02.	50 Daniel
26.01.	19 Leuviah	27.02.	51 Hahasiah
27.01.	20 Pahaliah	28.02.	52 Imamiah
28.01.	21 Nelkahel	29.02.	52 Imamiah
29.01.	22 Yeiayel		
30.01.	23 Melahel		
31.01.	24 Haheuiah		

Geburts-Datum	Emotionaler Geburts-/ Schutzengel	Geburts-Datum	Emotionaler Geburts-/ Schutzengel
01.03.	53 Nanael	01.04.	12 Hahaiah
02.03.	54 Nithael	02.04.	13 Iezalel
03.03.	55 Mebahiah	03.04.	14 Mebahel
04.03.	56 Poyel	04.04.	15 Hariel
05.03.	57 Nemamiah	05.04.	16 Hekamiah
06.03.	58 Yeialel	06.04.	17 Lauviah
07.03.	59 Harahel	07.04.	18 Caliel
08.03.	60 Mitzrael	08.04.	19 Leuviah
09.03.	61 Umabel	09.04.	20 Pahaliah
10.03.	62 Iahhel	10.04.	21 Nelkahel
11.03.	63 Anauel	11.04.	22 Yeiaiel
12.03.	64 Mehiel	12.04.	23 Melahel
13.03.	65 Damabiah	13.04.	24 Haheuiah
14.03.	66 Manakel	14.04.	25 Nith-Haiah
15.03.	67 Eyael	15.04.	26 Haaiah
16.03.	68 Habumiah	16.04.	27 Yerathel
17.03.	69 Rochel	17.04.	*
18.03.	70 Jabamiah	18.04.	28 Seheiah
19.03.	71 Haiael	19.04.	29 Reiyel
20.03.	72 Mumiah	20.04.	30 Omael
21.03.	1 Vehuiah	21.04.	31 Lecabel
22.03.	2 Jeliel	22.04.	32 Vasariah
23.03.	3 Sitael	23.04.	33 Yehuiah
24.03.	4 Elemiah	24.04.	34 Lehahiah
25.03.	5 Mahasiah	25.04.	35 Chava-khiah
26.03.	6 Lelahel	26.04.	36 Menadel
27.03.	7 Achaiah	27.04.	37 Aniel
28.03.	8 Cahetel	28.04.	38 Haamiah
29.03.	9 Haziel	29.04.	39 Rehael
30.03.	10 Aladiah	30.04.	40 Ieazel
31.03.	11 Lauviah		

Geburts-Datum	Emotionaler Geburts-/ Schutzengel	Geburts-Datum	Emotionaler Geburts-/ Schutzengel
01.05.	41 Hahahel	01.06.	71 Haiaiel
02.05.	42 Mikael	02.06.	72 Mumiah
03.05.	43 Veuliah	03.06.	1 Vehuiah
04.05.	44 Yelahiah	04.06.	2 Jeliel
05.05.	45 Sealiah	05.06.	3 Sitael
06.05.	46 Ariel	06.06.	4 Elemiah
07.05.	47 Asaliah	07.06.	5 Mahasiah
08.05.	48 Mihael	08.06.	6 Lelahel
09.05.	49 Vehuel	09.06.	7 Achaiah
10.05.	50 Daniel	10.06.	8 Cahetel
11.05.	51 Hahasiah	11.06.	9 Haziel
12.05.	52 Iamiah	12.06.	10 Aladiah
13.05.	53 Nanael	13.06.	*
14.05.	54 Nithael	14.06.	11 Lauviah
15.05.	55 Mebamiah	15.06.	12 Hahaiah
16.05.	56 Poyel	16.06.	13 Iezael
17.05.	57 Nemamiah	17.06.	14 Mebahel
18.05.	58 Yeialel	18.06.	15 Hariel
19.05.	59 Harahel	19.06.	16 Hekamiah
20.05.	*	20.06.	17 Lauviah
21.05.	60 Mitzrael	21.06.	18 Caliel
22.05.	61 Umabel	22.06.	19 Leuviah
23.05.	62 Iahhel	23.06.	20 Pahaliah
24.05.	63 Anauel	24.06.	21 Nelkhael
25.05.	64 Mehiel	25.06.	22 Yeiayel
26.05.	65 Damabiah	26.06.	23 Melahel
27.05.	66 Manakel	27.06.	24 Haheuiah
28.05.	67 Eyel	28.06.	25 Nith-Haiah
29.05.	68 Habumiah	29.06.	26 Haaiah
30.05.	69 Rochel	30.06.	27 Yerathel
31.05.	70 Jabamiah		

Geburts-Datum	Emotionaler Geburts-/ Schutzengel	Geburts-Datum	Emotiona er Geburts-/ Schutzengel
01.07.	28 Seheiah	01.08.	57 Nemamiah
02.07.	29 Reiyel	02.08.	58 Yeiael
03.07.	30 Omael	03.08.	59 Harahel
04.07.	31 Lecabel	04.08.	60 Mitzrael
05.07.	*	05.08.	61 Umabel
06.07.	32 Vasariah	06.08.	62 Iahhel
07.07.	33 Yehuiah	07.08.	63 Anauel
08.07.	34 Lehahiah	08.08.	64 Mehiel
09.07.	35 Chava-khiah	09.08.	65 Dabamiah
10.07.	36 Menadel	10.08.	66 Manakel
11.07.	37 Aniel	11.08.	67 Eyael
12.07.	38 Haamiah	12.08.	68 Habuhiah
13.07.	39 Rehael	13.08.	69 Rochel
14.07.	40 Ieazel	14.08.	70 Jabamiah
15.07.	41 Hahael	15.08.	71 Haiaiel
16.07.	42 Mikael	16.08.	72 Mumiah
17.07.	43 Veuliah	17.08.	1 Vehuiah
18.07.	44 Yelahiah	18.08.	2 Jeliel
19.07.	45 Sealiah	19.08.	*
20.07.	46 Ariel	20.08.	3 Sitael
21.07.	47 Asaliah	21.08.	4 Elemiah
22.07.	48 Mihael	22.08.	5 Mahasiah
23.07.	49 Vehuel	23.08.	6 Leiahel
24.07.	50 Daniel	24.08.	7 Achaiah
25.07.	51 Hahasiah	25.08.	8 Cahetel
26.07.	*	26.08.	9 Haziel
27.07.	52 Imamiah	27.08.	10 Aladiah
28.07.	53 Nanael	28.08.	11 Lauviah
29.07.	54 Nithael	29.08.	12 Hahaiah
30.07.	55 Mebahiah	30.08.	13 Iezael
31.07.	56 Poyel	31.08.	14 Mebahel

Geburts-Datum	Emotionaler Geburts-/ Schutzengel	Geburts-Datum	Emotionaler Geburts-/ Schutzengel
01.09.	15 Hariel	01.10.	44 Yelahiah
02.09.	16 Hekamiah	02.10.	45 Sealiah
03.09.	17 Lauviah	03.10.	46 Ariel
04.09.	18 Caliel	04.10.	47 Asaliah
05.09.	19 Leuviah	05.10.	48 Mihael
06.09.	20 Pahaliah	06.10.	49 Vehuel
07.09.	21 Nelkahel	07.10.	50 Daniel
08.09.	22 Yeiayel	08.10.	51 Hahasiah
09.09.	23 Melahel	09.10.	52 Imamiah
10.09.	24 Haheuiah	10.10.	53 Nanael
11.09.	25 Nith-Haiah	11.10.	54 Nithael
12.09.	26 Haaiah	12.10.	55 Mebahiah
13.09.	27 Yerathel	13.10.	56 Poyel
14.09.	28 Seheiah	14.10.	57 Nemamiah
15.09.	29 Reiyel	15.10.	58 Yeialel
16.09.	30 Omael	16.10.	59 Harahel
17.09.	31 Lecabel	17.10.	60 Mitzrael
18.09.	32 Vasariah	18.10.	61 Umabel
19.09.	33 Yehuiah	19.10.	62 Iahhel
20.09.	34 Lehaiah	20.10.	63 Anauel
21.09.	*	21.10.	64 Mehiel
22.09.	35 Chava-khiah	22.10.	65 Damam-biah
23.09.	36 Menadel	23.10.	66 Manakel
24.09.	37 Aniel	24.10.	67 Eyael
25.09.	38 Haamiah	25.10.	68 Habumiah
26.09.	39 Rehael	26.10.	69 Rochel
27.09.	40 Ieazel	27.10.	70 Jabamiah
28.09.	41 Hahahel	28.10.	71 Haiaiel
29.09.	42 Mikael	29.10.	72 Mumiah
30.09.	43 Veuliah	30.10.	1 Vehuiah
		31.10.	2 Jeliel

Geburts-Datum	Emotionaler Geburts-/ Schutzengel	Geburts-Datum	Emotionaler Geburts-/ Schutzengel
01.11.	3 Sitael	01.12.	33 Yehuiah
02.11.	4 Elemiah	02.12.	34 Lehaiah
03.11.	5 Mahasiah	03.12.	35 Chava-khiah
04.11.	6 Lelahel	04.12.	36 Menadel
05.11.	7 Achaiah	05.12.	37 Aniel
06.11.	8 Cahetel	06.12.	38 Haamiah
07.11.	9 Haziel	07.12.	39 Rehael
08.11.	10 Aladiah	08.12.	40 Iezael
09.11.	11 Lauviah	09.12.	41 Hahael
10.11.	12 Hahaiah	10.12.	42 Mikael
11.11.	13 Iezael	11.12.	43 Veuliah
12.11.	14 Mebahel	12.12.	44 Yelahiah
13.11.	15 Hariel	13.12.	45 Sealiah
14.11.	Hekamiah	14.12.	46 Ariel
15.11.	17 Lauviah	15.12.	47 Asaliah
16.11.	18 Caliel	16.12.	48 Mihael
17.11.	19 Leuviah	17.12.	49 Vehuel
18.11.	20 Pahaliah	18.12.	50 Daniel
19.11.	21 Nelkhael	19.12.	51 Hahasiah
20.11.	22 Yeiayel	20.12.	52 Imamiah
21.11.	23 Melahel	21.12.	53 Nanael
22.11.	24 Haheuiah	22.12.	54 Nithael
23.11.	25 Nith-Haiah	23.12.	55 Mebahiah
24.11.	26 Haaiah	24.12.	56 Poyel
25.11.	27 Yerathel	25.12.	57 Nemamiah
26.11.	28 Seheiah	26.12.	58 Yeialel
27.11.	29 Reyel	27.12.	59 Haralel
28.11.	30 Omael		60 Mitzrael
29.11.	31 Lecabel	28.12.	Umabel
30.11.	32 Vasariah	29.12.	Iahhel
		30.12.	Anauel
		31.12.	Mehiel

ANMERKUNG:
Das * bedeutet, dass an diesem Tag von 0 bis 12 Uhr mittags der Engel des Vortages wirkt und von 12 Uhr bis 24 Uhr der Engel des Folgetages zuständig ist.

Schutzengel Mentalebene:

Geb. - Zeit	**Mentaler Geburts-/Schutzengel**
00:00 – 00:19	1 Vehuiah
00:20 – 00:39	2 Jeliel
00:40 – 00:59	3 Sitael
01:00 – 01:19	4 Elemiah
01:20 – 01:39	5 Mahasiah
01:40 – 01:59	6 Lelahel
02:00 – 02:19	7 Achaiah
02:20 – 02:39	8 Cahetel
02:40 – 02:59	9 Haziel
03:00 – 03:19	10 Aladiah
03:20 – 03:39	11 Lauviah
03:40 – 03:59	12 Hahaiah
04:00 – 04:19	13 Iezalel
04:20 – 04:39	14 Mebahel
04:40 – 04:59	15 Hariel
05:00 – 05:19	16 Hekamiah
05:20 – 05:39	17 Lauviah
05:40 – 05:59	18 Caliel
06:00 – 06:19	19 Leuviah
06:20 – 06:39	20 Pahaliah
06:40 – 06:59	21 Nelkahel
07:00 – 07:19	22 Yeiaiel
07:20 – 07:39	23 Melahel
07:40 – 07:59	24 Haheuiah
08:00 – 08:19	25 Nith-Haiah
08:20 – 08:39	26 Haaiah
08:40 – 08:59	27 Yerathel
09:00 – 09:19	28 Seheiah
09:20 – 09:39	29 Reiyel
09:40 – 09:59	30 Omael
10:00 – 10:19	31 Lecabel
10:20 – 10:39	32 Vasariah
10:40 – 10:59	33 Yehuiah
11:00 – 11:19	34 Lehaiah

11:20 – 11:39 35 Chavakhiah
11:40 – 11:59 36 Menadel
12:00 – 12:19 37 Aniel
12:20 – 12:39 38 Haamiah
12:40 – 12:59 39 Rehael
13:00 – 13:19 40 Yeiazel
13:20 – 13:39 41 Hahahel
13:40 – 13:59 42 Mikael
14:00 – 14:19 43 Veuliah
14:20 – 14:39 44 Yelahiah
14:40 – 14:59 45 Sealiah
15:00 – 15:19 46 Ariel
15:20 – 15:39 47 Asaliah
15:40 – 15:59 48 Mihael
16:00 – 16:19 49 Vehuel
16:20 – 16:39 50 Daniel
16:40 – 16:59 51 Hahasiah
17:00 – 17:19 52 Imamiah
17:20 – 17:39 53 Nanael
17:40 – 17:59 54 Nithael
18:00 – 18:19 55 Mebahiah
18:20 – 18:39 56 Poyel
18:40 – 18:59 57 Nemamiah
19:00 – 19:19 58 Yeialel
19:20 – 19:39 59 Harahel
19:40 – 19:59 60 Mitzrael
20:00 – 20:19 61 Umabel
20:20 – 20:39 62 Iahhel
20:40 – 20:59 63 Anauel
21:00 – 21:19 64 Mehiel
21:20 – 21:39 65 Damabiah
21:40 – 21:59 66 Manakel
22:00 – 22:19 67 Eyael
22:20 – 22:39 68 Habuiah
22:40 – 22:59 69 Rochel
23:00 – 23:19 70 Jabamiah
23:20 – 23:39 71 Haiaiel
23:40 – 23:59 72 Mumiah

Warum mit den Engelkräften arbeiten?

Die Engel bieten dir eine klare Struktur, geben dir inneren Halt. Sie verbinden Herz und Verstand, erwecken in dir die göttliche Kraft, die durch die kosmischen Gesetze gelenkt wird. Sie helfen dir jede Veränderung ohne Angst anzunehmen und sich jedem neuen Zyklus mit Mut und Selbstvertrauen zu stellen, in dem tiefen Glauben, dass alles zur richtigen Zeit und in der richtigen Weise geschieht.

Mit Hilfe der Engel unser inneres Potenzial entfalten: Weisheit, Geduld, Mut und Demut

Weisheit

Weisheit zu erwerben ist besser als Gold.
Jesus sagt: Die Weisheit wird an ihren Taten gemessen.
Pythagoras sagt: Weisheit ist das Verstehen der Quelle, die die Ursache aller Dinge ist.

Weisheit zu entwickeln bedeutet, sich seiner Gedanken gewahr zu sein und zu beobachten. Wir haben die angeborene Fähigkeit, unsere Gedanken und unsere Aufmerksamkeit beliebig zu lenken. Unser Denken erzeugt Bilder in unserem Geist, die sich zu verwirklichen versuchen oder sie hinterlassen Spuren in unserem Charakter. Alles hängt davon ab, wie rein wir unseren Geist halten. Freude, Ausdauer, Sorgfalt und Achtsamkeit erhalten unseren Geist rein. Wir erschaffen durch unsere Gedanken und Gefühle unsere Realität.
Weisheit bedeutet:

- Negative Energien in Liebe zu transformieren
- gelebtes Wissen
- zu wissen, wann man handeln soll und wann nicht
- Bewusst die innere Führung erspüren
- die Intuition schulen und auf meine Intuition hören
- für mich selbst einstehen

Impuls: Nimm dir jeden Tag Zeit für Tagträume und Entspannung.
Erweitere deine Vorstellung von dem, was du haben möchtest, und verbinde dich mit der Kraft der Engel. Deine persönliche Entwicklung im Umgang mit Geld, Erfolg und Gesundheit bietet dir einen wunderbaren Erkenntnis-Prozess. Auf dem Weg zum Erfolg und Gesundheit ist es erforderlich. die Qualitäten von Liebe, Freude, Dankbarkeit, Mut, Kraft und Stärke zu entwickeln. So wirst du ein Magnet für Erfolg und Gesundheit werden.

Du hast die Möglichkeit mit den Engeln zu arbeiten. Sie schaffen für dich das Beste, was im Rahmen deiner jetzigen Fähigkeiten möglich ist. Sobald du deinen gedanklichen Horizont erweiterst, werden dir die Engel deine neuen Denkformen widerspiegeln, indem sie dir im Außen die entsprechenden Dinge und Situationen zeigen.

Impuls: Lass andere Menschen so sein wie sie sind, beschleunige dein ‚Inneres Wachstum'. Sorge dafür, dass dein inneres Leben in Ordnung kommt. Folge deiner inneren Stimme und alles wird leichter. Werde zu einer Quelle des Lichts.

Geduld

Habe Geduld, gib nicht auf! Gott und die Engel sind immer für dich da.

Es gibt in unserem Leben oft herausfordernde Situationen und schlechte Tage, die kennt jeder, auch ich kenne solche Tage und Situationen zur Genüge. Du erlebst eine finanzielle Krise, du bist gesundheitlich angeschlagen, deine Partnerschaft steht auf der Kippe oder deine Arbeit und deine Beziehungen machen dir zu schaffen. Der Stapel unbezahlter Rechnungen wird immer höher, und es scheint, als würde dein ganzes Leben aus den Fugen geraten. Die Liste ist endlos. Du hast den Wunsch, dich nach etwas Einfacherem umzusehen.
Genau in dieser Zeit brauchen wir die heiligen Helfer, die uns mit Geduld zur Seite stehen. Die uns führen und uns helfen, dem göttlichen Prozess zu vertrauen, damit wir mit Zuversicht in die Zukunft blicken. Geduld ist die gegebene Situation auszuhalten, Kraft, Mut, Ausdauer, Standhaftigkeit und Entschlossenheit zu entwickeln.
Wenn du ehrlich einen spirituellen Weg gehst und Gott und den Engeln vertraust, brauchst du dir keine Sorgen zu machen, egal wie schwierig die Situation auch erscheinen mag.

Impuls: Nimm dir jeden Tag ein paar Minuten Zeit, geh in die Stille, atme tief ein und aus, stelle dir vor, wie du mit Geduld und Ausdauer deinen Platz erfüllst und schaue, wie sich deine Zukunft entfaltet, dann nimm deinen Weg in Dankbarkeit an und vertraue der göttliche Führung.
Öffne dich für die Wunder des Lebens, denn Gottes Wille ist:
Liebe, Freude, Kreativität und Fülle.

Wo die Engel schon geholfen haben:

In der Arbeit mit den Engeln unterstütze ich die Menschen bei der Entfaltung ihrer Fähigkeiten, so wie das Lösen von Problemen, Blockaden und die Wiederherstellung der Gesundheit. Der Einsatz der Engel ist immer ganzheitlich, er betrifft die Persönlichkeit, die Gesundheit und den Alltag.
Meine Vorgehensweise ist es, mit Gebeten geistige Impulse zu übertagen, die die Selbstheilungskräfte aktivieren. Die göttliche Urquelle stellt die lichtvollen und heilenden Energiefrequenzen zur Verfügung. Durch die Harmonisierung deiner Energie bist du in der Lage, deinen Seelenplan zu erkennen.

Frau Hermine H. kam zu mir und klagte, dass sie seit einem halben Jahr immer mehr abnimmt und kaum noch was behalten kann. Sie war schon bei mehreren Ärzten und Heilpraktikern, doch keiner fand eine Ursache. Sie war psychisch in einem sehr schlechten Zustand. Mit Hilfe von *Engel Vehuiah* bekam sie neue Impulse, er führte sie aus Gedankensackgassen heraus, und sie fand binnen zwei Tagen den richtigen Arzt, der die richtige Diagnose stellte. In kürzester Zeit war sie wieder gesund, konnte das Essen wieder behalten und wieder zunehmen.

Frau Bärbel S. kam zu mir und beschwerte sich über die Ungerechtigkeit einer Zahnversicherung, in die sie schon seit vielen Jahr einzahlte, und jetzt die teure Behandlung nicht bezahlen wollte. *Engel Mebahel* steht für Gerechtigkeit. Ich sprach für sie eine Fürbitte und habe sie gebeten immer, wenn sie auf die Versicherung wütend ist, *Engel Mebahel* um Hilfe zu bitten. Es gab noch ein paarmal einen Briefaustausch, und dann hat die Versicherung alles bezahlt. Dank der göttlichen Hilfe.

Frau G. Müller kam zu mir und war sehr enttäuscht, da ihr Sohn mit der Ausbildung fertig war und von der Firma nicht übernommen wurde. Er hatte schon viele Bewerbungen abgesendet, bekam jedoch nur Absagen. Mit Hilfe von *Engel Menadel* hatte er innerhalb von vier Wochen zwei Zusagen erhalten und konnte sich so sogar den bevorzugten Arbeitsplatz aussuchen.

Sabine H. kam mit großem Liebeskummer zu mir, da ihr Freud sie verlassen hatte. Mit Hilfe von *Engel Jeliel* fand sie, nachdem sie den Liebeskummer schnell überwunden hatte, ihre große Liebe.

Angelika M. kam mit Depressionen zu mir. Sie war enttäuscht und hatte eine große Wut auf ihren Ehemann, der sie wegen einer anderen verlassen hatte. Mit Hilfe von *Engel Vehuiah* konnte sie sich innerlich neu ausrichten. Sie hatte erkannt, wie wichtig es ist, bei sich zu bleiben und das ganze Leben nochmal neu zu gestalten. Sie wagte, nach vorheriger Widerstände, einen kompletten Neuanfang, der ihr ein zufriedenes Leben bescherte.

Veronika H. kam mit ihrem letzten Geld bei mir an. Sie war selbstständig, und die Kunden und Aufträge wurden immer weniger. Sie hatte einen sehr weiten Weg auf sich genommen, um zu mir zu kommen. Mit Hilfe des *Engels Elemiah* konnte sie ihre Blockaden erkennen und auflösen. Schon am nächsten Tag meldete sie sich bei mir, um mir mitzuteilen, dass sich ein alter Kunde wieder bei ihr gemeldet und ihr einen Auftrag erteilt habe. Einige Wochen später berichtete sie, dass sie zwischenzeitlich auch Neukunden hinzugekommen seien, und die Auftragslage bergauf gehe.

II. Praktische Arbeit

Lobt den Herrn, ihr seine Engel,
ihr starken Helden, die seine Befehle vollstrecken.
Psalm 103, 20ab

In dem Moment, in dem du dich zu den Engeln hinwendest, bist du in Kontakt mit ihnen. Je inniger deine Hinwendung ist, umso kraftvoller können die Engel in und durch dich wirken. Du schenkst ihnen den Raum, in dem sie wirken können. Du bist in deiner Entscheidung frei, wie viel Platz du ihnen und ihrem Wirken einräumst.
In dieser praktischen Anleitung erhältst du Inspirationen, wie du dich den Engeln hingeben, sie in deinen Alltag integrieren kannst, und wie du mit ihnen in Kontakt trittst.

Das Gebet als Kraftquelle

Ich bin Rafael, einer von den sieben heiligen Engeln,
die das Gebet der Heiligen emportragen
und mit ihm vor die Majestät des heiligen Gottes treten.
Tob 12, 15

Für das Anrufen der Engel ist es wichtig, dass das Gebet und die Namen der Hl. Engel mit Herzenergie geladen sind. Es soll beseelt gesprochen werden.

Wie kraftvoll die Engel helfen können, hängt davon ab, wie offen du für ihre Hilfe bist. Je stärker dein Glaube und dein Vertrauen, je mehr kannst du die Anwesenheit der Engel spüren. Gleichzeitig öffnen sich Tore zu höheren Bewusstseinsebenen, und alle unsichtbaren, himmlischen Wesen stehen innerlich mit dir in Verbindung und geben dir Impulse und Inspiration für ein glückliches Leben.

Je intensiver du mit den Engeln arbeitest, umso freier wirst du von inneren Begrenzungen. Worum du auch immer die Engel bittest, sie lassen Erlösung zu, wenn du die Ursache deiner Blockaden erkannt hast.

Die Ursache der Disharmonie zu erkennen, ist wichtig, damit wir nicht immer wieder die gleichen Fehler machen und sie in die Zukunft projizieren.

Meditation und Gebet ist ein Schlüssel zu den Engeln

Sobald du betest oder meditierst, nimmst du Verbindung zu den Engeln auf und erhältst durch die Intuition Impulse für dein Leben. Ein wichtiger Teil der Arbeit mit den Engeln ist das Zuhören, denn du bekommst die Antwort in Form von Zeichen und Symbolen oder durch Gedanken und Gefühle.
Vertraue darauf, dass du die Kraft hast, die Impulse zu erkennen und entsprechend zu handeln.

Die Hilfe der Engel empfangen

Es wird dir kein Übel begegnen, und keine Plage wird zu deiner Hütte sich nahen. Denn er hat seinen Engeln befohlen über dir, dass sie dich behüten auf allen deinen Wegen, dass sie dich auf Händen tragen und du deinen Fuß nicht an einen Stein stoßest.

Psalm 91,10 - 12

Rezitieren der Engelnamen

Um die Kraft der Engel zu empfangen, kannst du den entsprechenden Engelnamen, der für dein Anliegen zuständig ist, rezitieren. Rezitieren meint, den Engelnamen immer wieder zu wiederholen – laut oder leise. Deine Gedanken sollen sich füllen mit der heilenden Kraft des Engels, der dich dadurch führt und die Situation löst.
Jeder der göttlichen Engelnamen bezeichnet ein Attribut Gottes, das bedeutet ein wirkendes Gesetz der Aktion und der Natur. Wird ein Name gesprochen, beginnt dieses Gesetz in uns zu schwingen und zu wirken. Dadurch empfangen wir die Kraft Gottes und bringt die Disharmonie, die wir als Schmerz, Probleme und Streitigkeiten wahrnehmen, in die göttliche Harmonie. Das Ergebnis ist, dass sich Probleme lösen, es friedvoll in uns und um uns herum wird und Heilung geschieht.
Suche dir den Engel, der für dein Anliegen zuständig ist, und wiederhole seinen Namen laut oder leise, sprechend oder singend. Lege bzw. sprich dieses Wort in deinen Schmerz, dein Problem, in deine quälende Situation hinein. Du wirst eine WUNDER-bare Erfahrung machen!

Den Psalm sprechen

Der Psalm ist ein Gebet, das die Nöte und den Lobpreis der Menschen seit Anbeginn der Zeit widerspiegelt. Diese Psalter sind gefüllt mit der Gebetskraft, die über die Jahrtausende treu gebetet wurden. Durch das Beten des Psalms schwingst du dich in die archetypische Kraft ein, die dich in den Ursprung deiner Spiritualität aufnimmt.
Bete den Psalm und integriere ihn in dein Anliegen. Lass ihn dort hineinwirken und beobachte was passiert. Die Kraft der Psalter wird dich in die Lösung tragen.

Das freie Gebet

Du kannst den Engeln deine Bitten frei vorbringen. Die Gebetsimpulse wollen dir helfen über das persönliche Gebet mit den Engeln ins Gespräch zu kommen. Bringe den Engeln deine Bitte vor, lasse jedoch den Engeln genügend Raum und Freiheit, um das Optimale für dich zu bewirken. Durch unsere eingeschränkten Lösungsgedanken ‚so muss die Lösung aussehen' kannst du manchmal die geniale Lösung der Engel nicht erkennen. Daher bringe deine Bitten vor und überlasse den Engeln den Rest. Frage dich, wie sich die Lösung anfühlen soll, anstatt wie sie aussehen soll. Das erweitert deinen Geist und die Möglichkeit der Engel frei zu wirken.

Aufbau praktischer Teil

Engelfürst, Engelhierarchie und der dazugehörige Chor

Jeder Hierarchie voran ist der Engelsfürst gestellt, es folgt sein Chor.

Die 72 Engel – Aufbau der einzelnen Engel

1. Vehuiah

(= Name des Engels mit seiner numerischen Entsprechung)

Der erhabene, gepriesene Gott der über Allem steht.
(= der Gottesname, das göttliche Attribut, das Gesetz Gottes)

Engelschor Seraphim (= der Engelschor, zu dem der Engel gehört in der traditionellen Engelshierarchie), Element Feuer, (= das dazugehörige Element, über den du den Engel am besten erreichst)
Engelsfürst Metatron (= der Vorsteher der Engelshierarchie)

Psalm 3, Vers 4: (= der dazugehörige Psalm)
Aber Du oh Herr, bist das Schild für mich,
der mich zu Ehren setzt und mein Haupt aufrichtet.

Eigenschaften und Qualitäten:
(die Eigenschaften und Qualitäten in der göttlichen Engelordnung)
schöpferische Impulse,
Willenskraft und Willensstärke,
Individualität, Konzentration,
neue Ideen, Pioniergeist, visionär
unterstützt Wissen und Studien,
hilft Hindernisse zu überwinden
gibt Energie, Ausdauer und Mut

21.3. - 25.3.
(= Schutzengel auf der physischen Ebene und zeitliches Wirkungsfeld)

Essenz des Engels: Willenskraft
(= Die göttliche Essenz des Engels)

Beschreibung des Engels:
Anschließend findest du eine Beschreibung des Engels, um dir eine Vorstellung seiner Wirkungskräfte machen zu können. Außerdem praktische Beispiele, in welche Situationen du den Engel einladen kannst, um ihn um seine Hilfe zu bitten.

Deine persönliche Bitte /Anliegen:
Im freien Feld kannst du deine persönliche Bitte notieren. Notiere auch das Datum und beobachte. Somit wird das Buch zu einem praktischen Arbeitsbuch, und du kannst Schritt für Schritt die allmächtigen Kräfte der Engel erfahren.

Gebetsimpuls:
Die Engelsgebete sind Impulse für dein persönliches Gebet. Folge hier deinem Herzen und sprich das Gebet wie es deine Seele hervorbringt.
Der Engelsimpuls spricht in deine Seele und bringt damit den ‚Stein ins Rollen'. Du kannst an trüben Tagen oder bei brennenden Fragen das Buch aufschlagen und den Impuls für dich wirken lassen. Du kannst den Engelsimpuls täglich empfangen oder dich mit einer Frage, die du stellst, inspirieren lassen.

Deine persönliche Erfahrung mit dem Engel:
Schreibe deine persönliche Erfahrung, das Ergebnis auf, um dir die Präsenz und die Wirkungskraft der Engel immer mehr bewusst zu machen.

Erzengel Metatron

Engelschor Seraphinen

Sie helfen uns,
unser Schicksal und die kosmischen Gesetze zu erkennen
Engel 1 - 8

Metatron, Hüter des göttlichen Lichtes.
Sein Name bedeutet ‚der bei dem Thron Stehende'.
Sein Symbol steht für den höchsten Willen Gottes, der uns auf die höchste Form des Daseins aufmerksam macht.

1. Vehuiah - Essenz des Engels: Willenskraft
2. Jeliel - Essenz des Engels: Liebe
3. Sitael - Essenz des Engels: Verwirklichung
4. Elemiah - Essenz des Engels: Göttliche Macht
5. Mahasiah - Essenz des Engels: Göttliche Ordnung
6. Lelahel - Essenz des Engels: Göttliches Licht
7. Achaiah - Essenz des Engels: Geduld
8. Cahetel - Essenz des Engels: Göttlicher Segen

Gebet
zu den Engelschören, Seraphime, Metatron:
Oh, ihr flammende Seraphim, ich bitte euch, helft mir,
den freien Willen zu entwickeln und mein Schicksal
innerhalb der kosmischen Gesetze zu erkennen.

1. Vehuiah

Der erhabene, gepriesene Gott, der über Allem steht.

Engelschor Seraphim, Element Feuer,
Engelsfürst Metatron

Psalm 3, Vers 4:
Aber Du, oh Herr, bist das Schild für mich,
der mich zu Ehren setzt und mein Haupt aufrichtet

Eigenschaften und Qualitäten:
Schöpferische Impulse,
Willenskraft und Willensstärke,
Individualität, Konzentration,
neue Ideen, Pioniergeist, Visionär,
unterstützt Wissen und Studien,
hilft Hindernisse zu überwinden,
gibt Energie, Ausdauer und Mut

21.3 - 25.3.
Essenz des Engels: Willenskraft

1. Vehuiah

Engel Vehuiah gibt Lebenskraft, Mut und Ausdauer. Er verleiht Kraft und Energie, die zum Erfolg führen. Mit seiner Hilfe lassen sich Missgeschicke leicht überwinden und neue Visionen verwirklichen. Er hilft aus Verwirrungen heraus und hält dazu an, weise zu handeln und Wut zu überwinden.
Als Heilengel hilft er bei allen Krankheiten, die den Kopf betreffen: Gehirn, Schädelknochen, Gehör, Tinnitus, Zähne, Burnout, Depressionen, Müdigkeit und Erschöpfung. Bei Herpes, Bläschenausschlag, Verbrennungen, Verzerrungen und Rückenproblemen.

Praktische Beispiele:

- **Umzug:** Du kannst Vehuiah um Hilfe bitten, wenn du dich örtlich verändern möchtest. Er unterstützt dich dabei, Altes hinter dir zu lassen und dich ganz auf das Neue einzustellen und hilft dabei, dass du dich in deiner neuen Umgebung wohlfühlst. Er sorgt für neue Begegnungen und zeigt dir, wie sich auch deine Kinder in der neuen Umgebung wohlfühlen werden.

- **Neue Ideen:** Vehuiah hilft dir, wenn du in einer Sackgasse steckst, egal ob im Beruf, in deinem Unternehmen, partnerschaftlich oder privat. Wenn du in einer Lebensphase steckst, in der du neue Impulse benötigst, und Mut erforderlich ist, um dein Leben nochmal neu auszurichten, steht dir Vehuiah zur Seite.

- **Beruf- und Schulwechsel** sind für uns Menschen oft eine Herausforderung, da sie uns viel Kraft und Energie kosten. Vehuiah gibt dir die Kraft, den Mut und die Bereitschaft, den Wechsel mit Freude und Leichtigkeit zu meistern.

- Bei **Burnout** fehlen häufig die Kraft und der Mut, um das Leben nochmal zu verändern und dem Leben eine neue Richtung zu geben. Wenn du Vehuiah um Hilfe bittest, gibt er dir Energie und Kraft und führt dich zum richtigen Arzt, Therapeuten oder was bzw. wen immer du benötigst, damit Heilung geschehen kann.

- Er ist ein hervorragender Helfer bei allen **Krankheiten,** die mit dem Kopf und den Schädelknochen zu tun haben. Bitte Vehuiah um Hilfe, dass er mit seinem Licht deinen Körper durchströmt, damit Heilung geschehen kann. Wichtig: Er ersetzt keinen Arzt, unterstützt jedoch jeden Heilungsprozess und inspiriert dich dazu, was du alles tun kannst, damit der Heilungsprozess schnell und gut voranschreitet.

- Verbindest du dich mit der Kraft von Vehuiah, entdeckst du neue Wege und Möglichkeiten und entwickelst Pioniergeist.

Meine persönliche Bitte / Anliegen:

Gebetsimpuls:

Engel Vehuiah, ich bitte dich, lasse deine Kraft in mein Innerstes strömen und lasse deine Weisheit und dein Wissen durch mich fließen. Ich bitte dich, schaffe Ordnung auf meinem Lebensweg und lass mein Herz Werkzeug deines göttlichen Willens sein.

Engel Vehuiah, ich bitte dich, schenke mir Willensstärke und Ausdauer, damit ich meine Vorhaben und meine Ideen mit Erfolg angehen kann. Schenke mir deine Inspiration, dass meine Ideen begeistern, und dass ich moralische und finanzielle Unterstützung erhalte.

Danke / Amen / So sei es!

Impuls des Engels:

„Der göttliche Wille wirkt in deinem Geist, in deiner Seele und in deinen Handlungen."

Meine persönliche Erfahrung mit Vehuiah:

2. Jeliel

Der helfende Gott

Engelschor Seraphim, Element Feuer,
Engelsfürst Metatron

Psalm 22, Vers 20:
Aber Du Herr, sei nicht fern; meine Stärke,
eile, mir zu helfen!

Eigenschaften und Qualitäten:
Liebe und Weisheit
regelt Konflikte und Streitigkeiten,
fördert die Kommunikation,
verhilft zu einem harmonischen Leben,
Bewusstseinserweiterung, diplomatisches Geschick,
Liebesfähigkeit, Friedfertigkeit, Wahrheitsliebe
Respekt und Treue

26.3 – 30.3.
Die Essenz des Engels ist: Liebe

2. Jeliel

Jeliel fördert die Liebe zwischen zwei Menschen und verhilft zu einer harmonischen Partnerschaft. Mit seiner Hilfe lassen sich Konflikte lösen. Er fördert die Kommunikation und lehrt die Diplomatie. Er gibt Liebe und Weisheit und bringt die Liebe in alle Dinge.

Praktische Beispiele:

- **Partnerschaft:** Du kannst Jeliel um Hilfe bitten, damit du den richtigen Partner findest. In einer bestehenden Partnerschaft sorgt Jeliel für die Treue des Partners. Er hilft auch neue Impulse in eine eingefahrene Partnerschaft zu bringen. Er fördert die harmonische Beziehung zwischen Mann und Frau.

- **Beziehungen:** Jeliel bringt Liebe und Weisheit in jede Beziehung, sei es beruflich, partnerschaftlich oder freundschaftlich.

- **Zwischenmenschliche Konflikte:** Viele Konflikte finden in unserem Inneren, meistens unbewusst, statt. Jeliel hilft diese inneren Konflikte zu lösen, um im Außen Harmonie zu schaffen.

- **Beruf:** Jeliel löst Konflikte mit Arbeitskollegen, dem Chef / Vorgesetzten, Mitarbeiter usw. Er vermittelt und schlichtet jeden Konflikt mit Liebe und Weisheit.

- Jeliel hilft bei **Mobbing** und bringt die gestörten Beziehungen wieder in Harmonie und Ordnung.

Meine persönliche Bitte / Anliegen:

Gebetsimpuls:
Jeliel, Gott der Versöhnung und der zusammenführt. Ich bitte dich, erwecke in mir die Liebe und die Weisheit, die alles versteht und jeden Konflikt löst und Ruhe verbreitet, um in Harmonie zu leben.
Danke / Amen / So sei es!

Impuls des Engels:
„Ich bringe die Liebe, die alles versteht. Liebe löst jeden Konflikt. Es ist die Liebe, die ich in den Menschen erwecke – Bediene dich deiner inneren Weisheit und vertraue der Kraft in dir."

Meine persönliche Erfahrung mit Jeliel:

3. Sitael

Gott, Baumeister des Universums

Engelschor Seraphim, Element Feuer,
Engelsfürst Metatron

Psalm 91, Vers 2:
Ich sprach zu dem Herrn: Meine Zuversicht und meine Burg,
mein Gott, auf den ich hoffe!

Eigenschaften und Qualitäten:
Tat und Aufbau
lässt unsere Fehler erkennen,
hilft bei der Auflösung unseres Karmas,
unterstützt bei der Umsetzung unserer Pläne,
berät bei finanziellen Angelegenheiten,
Verhandlungstalent, Begeisterung,
hilft die Persönlichkeit zu entwickeln
Arbeitsstelle mit großer Verantwortung
hilft in der Akashachronik zu lesen

31.3. – 4.4.
Essenz des Engels: Verwirklichung, Aufbau

3. Sitael

Mit seiner Hilfe können Fehler erkannt, verändert und transformiert werden. Er ist ein sehr guter Berater in allen finanziellen Angelegenheiten. Er fördert das Verhandlungsgeschick und gibt nötige Begeisterungsfähigkeit und Überzeugungskraft. Er hilft Pläne erfolgreich umzusetzen und schenkt Aufgaben mit großer Verantwortung. Er ist ein Planer, Stratege und Baumeister, innerlich und äußerlich.
Engel Sitael lehrt den Therapeuten die Wirkung der Suggestion, der Hypnose und der Autosuggestion. Er ist der Lehrer der Akasha-Chronik und lehrt darin zu lesen. Er hilft alle Schwierigkeiten zu überwinden und ist ein Friedensstifter.

Praktische Beispiele:

- **Therapeuten:** Er lehrt dich die Kraft der Autosuggestion und die Hypnose verantwortungs- und wirkungsvoll zu nutzen.
- **Beruf:** Du kannst Engel Sitael bei der Suche nach einer Arbeitsstelle um Hilfe bitten. Insbesondere hilft er bei Aufgaben, die besonders viel Verantwortung erfordern (Führungsstelle, Soziales Engagement, etc.)
- **Finanzen:** Er hilft in finanziellen Angelegenheiten, und er sorgt dafür, dass du dein Vermögen verantwortungsvoll und gewinnbringend einsetzt.
- Sitael hilft dir **finanzielle Schwierigkeiten** zu überwinden und Verantwortung für deine Finanzen zu übernehmen.
- Möchtest du in der **Akasha-Chronik lesen,** wird dich Sitael lehren.
- Sitael hilft dir **deine persönlichen Pläne erfolgreich umzusetzen** und mit Begeisterung deine Ziele zu erreichen
- Sitael fördert dein Verhandlungsgeschick. Wenn du bei wichtigen Terminen wie **bei Verhandlungen zur Gehaltserhöhung, mit der Bank und bei Geschäftsterminen,** Unterstützung benötigst, bitte Sitael, er schenkt dir die richtigen Impulse für deinen Erfolg.

Meine persönliche Bitte / Anliegen:

Gebetsimpuls:
Sitael, Gott der Baumeister des Universum, ich bitte dich, hilf mir mit Kraft und Verantwortung mein Leben zu planen und zu gestalten.
Lieber Engel Sitael, stehe mir bei und lass mich immer den rechten Weg wählen, öffne mein Herz.
Danke / Amen / So sei es!

Impuls den Engels:
„Deine Pläne lassen sich mit göttlicher Hilfe leicht verwirklichen."

Meine persönliche Erfahrung mit Sitael:

4. Elemiah

Der verborgene Gott

Engelschor Seraphim, Element Feuer,
Engelsfürst Metatron

Psalm 6, Vers 5:
Wende Dich, Herr und errette meine Seele.
Hilf mir um Deiner Güte willen.

Eigenschaften und Qualitäten:
Macht und Autorität,
lässt neue Wege entdecken,
hilft aktiv zu werden,
ist bei der Berufsfindung behilflich
und trägt zu geschäftlichem Erfolg bei,
hilft Schicksalsschläge zu überwinden.
Stabilität, Ausdauer, Geduld,
Initiative und Mut,
Entscheidungskraft
lassen unseren Lebensplan erkennen.

5.4. – 9.4.
Essenz des Engels: göttliche Macht

4. Elemiah

Zu den Qualitäten des Engels Elemiah gehören die Enthüllung des Lebensplans und die Entdeckung der beruflichen Ausrichtung. Er hilft aktiv zu werden und die richtigen Entscheidungen zu treffen. Er fördert Unternehmergeist und gibt Stabilität, Ausdauer, Macht und Autorität.
Die Energie von Elemiah schenkt Harmonie und unterstützt in schwierigen Lebensphasen. Er bringt Wohlstand und regelt die Finanzen. Elemiah ist ein Macher, bei dem alles gut durchdacht ist. Er bringt Ausdauer und Zuverlässigkeit. Er hilft auch das Leben in geordnete Bahnen zu lenken.

Praktische Beispiele:

- **Existenzängste**: Elemiah hat die Macht, das eigene Schicksal zu erkennen, zu verstehen und zu ändern. Er hilft dir, deine Ängste zu überwinden und dein Leben wieder in konstruktive Bahnen zu lenken.

- **Erfolg im Beruf:** Engel Elemiah bringt dir Klarheit für deine berufliche Karriere und führt dich in den Erfolg.

- **Schwierige Lebensphasen überwinden:** In schweren Zeiten steht dir Elemiah zur Seite, gibt dir Kraft und die nötige Klarheit, deine Herausforderungen zu meistern.

- **Lebensplan – Berufung:** Engel Elemiah zeigt dir deinen persönlichen Lebensplan und führt dich in deine Berufung, du musst ihn nur darum bitten.

- **Entscheidungen:** Wenn du wichtige Entscheidungen zu treffen hast, gibt dir Elemiah die nötige Klarheit, das Richtige zu erkennen und die Kraft deine Entscheidung umzusetzen.

- **Beruf finden:** Wenn du auf der Suche nach ‚der richtigen Arbeit' bist, wird dich Elemiah führen und dir den Weg in ‚deine' Stelle ebnen, die dir Stabilität, Sicherheit und finanzielles Auskommen beschert.

- In der **Selbstständigkeit** hilft die Elemiah Kunden und Aufträge zu gewinnen.

- **Finanzen stärken:** Insbesondere den Selbstständigen und Unternehmern hilft Elemiah, den Umsatz zu steigern und die Finanzen sicher zu verwalten.

Meine persönliche Bitte / Anliegen:

Gebetsimpuls:
Elemiah, Gott der Verborgene. Ich bitte dich, gib mir die Kraft mein Schicksal zu meistern. Enthülle mir meinen Lebensplan, damit ich meinen Weg mit Freude und Dankbarkeit gehen kann.
Danke / Amen / So sei es!

Impuls des Engels:
„Ich gebe der Idee Struktur. Folge dem göttlichen Plan, der dich durch dein Leben führt."

Meine persönliche Erfahrung mit Elemiah:

5. Mahasiah

Gott der Berichtigende

Engelschor Seraphim, Element Feuer,
Engelsfürst Metatron

Psalm 33, Vers 4:
Denn des Herrn Wort ist wahrhaftig.
Und was er zusagt, das hält er gewiss.

Eigenschaften und Qualitäten:
Innere göttliche Ordnung
unterstützt die spirituelle Entwicklung,
lässt die Symbolsprache des Alltags erkennen,
hilft den Charakter zu verbessern,
große Heilenergie, bringt ins Gleichgewicht,
erleichtert das Lernen - vor allem bei Fremdsprachen,
er hilft die richtigen Entscheidungen zu treffen,
hilft Prüfungen zu bestehen

10.4. - 14.4.
Essenz des Engels: Klärung und Einsicht

5. Mahasiah

Mit der Mahasiahs Hilfe gelangen wir zu innerem Gleichgewicht. Er hilft Prüfungen zu bestehen und lässt die Symbolsprache des Alltags erkennen. Er fördert die spirituelle Entwicklung. Mit seiner Hilfe können Wissenschaftler oder Freiberufler erfolgreich sein. Er ist ein großer Heiler.
Die Energie von Mahasiah hat ein starkes Streben nach Freiheit und Veränderung. Mahasiah hilft Wissen und Einsichten zu erlangen, mit denen man Heilsames bewirken kann. Mit seiner Hilfe können Prüfungen bestanden werden. Er schenkt Lebensfreude und hilft alles, was außer Kontrolle geraten ist, wieder in den Griff zu bekommen. Er hilft die richtigen Entscheidungen zu treffen.

Praktische Beispiele

- **Prüfungen:** Mahasiah hilft dir deine Prüfungen zu bestehen. (Examen, Abschlussprüfungen, wichtige Klausuren, Lebensprüfungen)

- **Unklarheiten** und Verwirrungen in deinem Leben können mit Hilfe von Mahasiah bereinigt und geklärt werden.

- **Entscheidungen treffen:** Mahasiah hilft dir zur richtigen Zeit, die richtigen Entscheidungen zu treffen. Er wirkt aufrichtend und stärkt deinen Charakter.

- Dieser Engel kann dir die mentale Ursache deiner Krankheit zeigen und dadurch die **Heilung** begünstigen.

- **Veränderung:** Wenn du dir in deinem Leben eine Veränderung wünschst, hilft dir Mahasiah.

- Mit Mahasiah lernst du deine Zeichen im Alltag erkennen und die **Zeichen und Symbole zu entschlüsseln**.

- **Spirituelle Entwicklung:** Er stärkt deinen Willen, findet einen Weg, wie du zu Anerkennung und Glück findest

- Mit Mut, Diplomatie und Energie hilft er dir **Ungerechtigkeit** zu erkennen und zu beseitigen.

Meine persönliche Bitte / Anliegen:

Gebetsimpuls:
Engel Mahasiah, Gott der Berichtigung, ich bitte dich, lerne mich die Zeichen im Alltag zu erkennen, Träume zu deuten und unterstütze mich dabei, die göttliche Ordnung in mir wiederherzustellen.
Danke / Amen / So sei es!

Impuls des Engels:
„Vertraue deinen spirituellen Einsichten, du bist göttlich geführt."

Meine persönliche Erfahrung mit Mahasiah:

6. Lelahel

Gott, der die Schönheit ist.

Engelschor Seraphim, Element Feuer,
Engelsfürst Metatron

Psalm 9, Vers 12:
Lobet den Herrn, der zu Zion wohnt;
Verkündet unter den Völkern sein Tun!

Eigenschaften und Qualitäten:
Göttliches Licht und Liebe
verhilft zu innerem Gleichgewicht,
erleichtert die Kommunikation,
fördert den Erwerb von materiellen Gütern,
sorgt für Klarheit und Verständnis,
unterstützt Heilungsprozesse,
fördert alles, was mit Wachstum zu tun hat,
hilft bei Schwangerschaft und Geburt

15.4. -20.4.
Die Essenz des Engels: Licht

6. Lelahel

Die Energie von Lelahel ist Schönheit und Liebe. Seine Energie ist sehr aktiv und hilft, ins Handeln zu kommen. Er bringt Freude und hilft allen Menschen in Liebe und Freundschaft verbunden zu sein. Er hilft auch, sich selbst zu lieben und zu erkennen, dass die Liebe die Kraft ist, die aus dem Herzen kommt und in der ganzen Schöpfung wirkt.
Er unterstützt auf der Suche nach einem schönen Heim. Lelahel hilft sich klar und liebevoll auszudrücken und fördert die Kommunikation mit den Engeln. Er bringt Reichtum und Glück. Lelahel fördert künstlerische Talente und Wohlstand auf allen Ebenen. Mit seiner Hilfe erlangt man Reichtum, Ansehen und Erfolg. Er ist Pate der Mediziner und Künstler.
Lelahel begleitet und schützt die Schwangeren.

Praktische Beispiele:

- **Bei Minderwertigkeitsgefühlen** hilft dir Engel Lelahel deine Schönheit zu erkennen.

- Engel Lelahel hilft dir bei der **Wohnungssuche** und **beim Erwerben einer Immobilie.** Lelahel achtet darauf, dass du ein schönes Heim findest, in dem du dich wohlfühlst.

- Er fördert den **Wohlstand** auf allen Ebenen, sodass dir alles zum Wohle steht. Lelahel ist ein sehr guter Finanzberater.

- Lelahel verhilft zu **Liebe und Glück**. Er kann jede Situation verbessern und durchleuchten.

- Er inspiriert **Künstler und Wissenschaftler** und führt den **Mediziner.**

- Lelahel schützt die **Schwangerschaft und die Geburt.**

- **Bei Minderwertigkeitskomplexen und Selbsthass** zeigt dir Lelahel deine wahre Schönheit.

Meine persönliche Bitte / Anliegen:

Gebetsimpuls:
Engel Lelahel, Gott, der die Schönheit ist und alles heilt, ich bitte dich, zeige mir meinen inneren Reichtum und meine wahre Schönheit, sodass ich sie im Außen erkennen kann.
Engel Lelahel, göttliches Licht, mit deiner Hilfe kann ich meine Liebe bewahren, mit deiner Hilfe erlange ich ein großes Glücksempfinden und immer neue Inspirationen für neue Erfahrungen.

Impuls des Engels:
„Das göttliche Licht in dir bringt deine innere Schönheit zum Leuchten."

Meine persönliche Erfahrung mit Lelahel:

7. Achaiah

Gott, gütig und geduldig

Engelschor Seraphim, Element Erde,
Engelsfürst Metatron

Psalm 103, Vers.8:
Barmherzig und gnädig ist der Herr,
geduldig und von großer Güte!

Eigenschaften und Qualitäten:
Geduld und Güte
hilft Prüfungen zu bestehen
und schwierige Probleme zu lösen,
findet neuartige Lösungen und
Erfolg in den Bereichen der Naturwissenschaften.

21.4.- 25.4
Essenz des Engels: Beharrlichkeit

7. Achaiah

Engel Achaiah lehrt Geduld. Er hilft alle Hindernisse zu beseitigen und findet neue Lösungen. Achaiah hilft Prüfungen zu bestehen, indem er den Wunsch, zu lernen, erweckt. Er unterstützt die Öffentlichkeitsarbeit in den Medien. Seine Energie fördert die Kommunikation. Mit seiner Hilfe entwickelt sich eine starke Vorstellungskraft. Seine Kraft stärkt Vernunft, Beharrlichkeit und innere Ruhe. Er lässt Schicksalsschläge begreifen und lehrt damit umzugehen. Er hilft bei der Überwindung von Eifersucht, Neid und Nachlässigkeit.

Praktische Beispiele:

- **Bei Schicksalsschlägen:** Mit seiner Hilfe kannst du Probleme realistisch erkennen und praktisch lösen. Schwierige Aufgaben kannst du geerdet meistern.

- Achaiah bringt dir **Geduld und Ausdauer** in allen Lebenslagen. Er hütet die Zeit, damit sich die Dinge in Ruhe entwickeln können und nicht vorzeitig erzwungen werden.

- **Öffentlichkeitsarbeit:** Achaiah erleichtert die Verbreitung von Informationen über die Medien, Computer, Presse, Verlag und Social Media.

- Mit Achaiah kannst du durch Selbstmeisterung **Eifersucht und Neid** überwinden.

- Er hilft bei der **Entdeckung der Naturgeheimnisse** und unterstützt Wissenschaftler und Analytiker bei der Erklärung der Naturphänomene.

- Achaiah hilft dir mit Geduld und Ausdauer **Hindernisse zu überwinden**, in dem Vertrauen, dass sich alles zum Guten entwickelt.

- Er ist sehr gut geeignet, um in der Öffentlichkeit aufzutreten und **sich oder sein Produkt in den Medien zu vermarkten**.

Meine persönliche Bitte / Anliegen:

Gebetsimpuls:
Engel Achaiah, Gott der Gütige und Geduldige. Ich bitte dich, hilf mir mit Ruhe und Geduld meine Aufgabe zu lösen.
Danke / Amen / So sei es!

Impuls des Engels:
„Habe Geduld! Alles, was zu dir gehört, kommt zur rechten Zeit. Gott ist immer pünktlich."

Meine persönliche Erfahrung mit Achaiah:

8. Cahetel

Der anbetungswürdige und segnende Gott

Engelschor Seraphim, Element Erde,
Engelsfürst Metatron.

Psalm 95, Vers 6:
Kommt, lasst uns anbeten und knien und niederfallen
vor dem Herrn, der uns gemacht hat.

Eigenschaften und Qualitäten:
Göttlicher Segen und Dankbarkeit.
Schutzpatron der ‚Vier Elemente'
hilft leichten Erfolg und materiellen Reichtum zu erlangen,
schützt Haus und Besitz,
gibt den Impuls und die Kraft in Aktivität zu kommen,
hilft bei der Geburt.
Liebe zur Natur.

26.4.-30.4.
Die Essenz des Engels: Wohlwollen

8. Cahetel

Cahetel ist der Schutzpatron der vier Elemente. Er lehrt die kosmischen Gesetze zu achten, steigert die Aktivität und lässt ein großes Arbeitspensum schaffen. Er verhilft zu Wachstum und reicher Ernte. Er bringt den Segen in die Wohnräume. Cahetel unterstützt bei der psychologischen und therapeutischen Arbeit. Mit seiner Hilfe sind wir schöpferisch und stark und können weltliche Geschäfte gut bewältigen. Er stärkt die Fantasie, Dankbarkeit und Bescheidenheit. Er unterstützt und ordnet unser Gefühlsleben und hilft die Gefühle anderer wahrzunehmen.

Praktische Beispiele:

- Cahetel hilft dir deine unliebsame **Lebensart zu verändern**. Er hilft dir ein aktives Leben zu führen.

- Wenn du **materiellen Reichtum** erschaffen möchtest, führt dich Cahetel dies unter Berücksichtigung der kosmischen Gesetzmäßigkeiten zu leben.

- Für **Therapeuten und Psychologen** ist Cahetel eine sehr gute Hilfe. Er unterstützt das Gefühlsleben des Patienten zu erfassen, wahrzunehmen und heilsam darauf einzuwirken.

- **Haussegen**: Cahetel schützt dein Haus, die Bewohner und sorgt für ein harmonisches Familienleben. Er hilft die optimale Balance zwischen Beruf und Familienleben zu finden und zu leben.

- Du lernst unter der Obhut von Cahetel dich **verbal und schriftlich auszudrücken.**

- Mit Hilfe von Cahetel bekommst du einen **Zugang zu den 4 Elementen,** und kannst dadurch Energien ausbalancieren.

Meine persönliche Bitte / Anliegen:

Gebetsimpuls:
Gott der Segnende, Ich bitte dich um deinen göttlichen Segen für mein Handeln und mein Tun. Lass mich in Einklang mit den kosmischen Gesetzen leben, sodass ich den Reichtum des Lebens erkenne.
Engel Cahetel, erfülle mich mit deinem himmlischen Wesen und stehe mir im Umgang mit Pflanzen zur Seite. Sende mir dein Licht, damit ich es weitergeben kann.
Danke / Amen / So sei es!

Impuls des Engels:
„Gottes Segen begleitet dich auf all deinen Wegen."

Meine persönliche Erfahrung mit Cahetel:

Erzengel Raziel
Cherubim

Engel der Weisheit, sie helfen uns bei unserer spirituellen Entwicklung und führen uns zur Weisheit.

Engel 9 - 16

Erzengel Raziel: Göttliche Weisheit, sein Name bedeutet,
der Ausgesandte, sein Symbol steht für unsere Kräfte und Handlung,
damit wir sie in die Richtung lenkt,
und sie mit dem tiefen Sinn des Daseins in Einklang bringen

9. Haziel - Essenz des Engels: Göttliche Liebe und Vergebung
10. Aladiah - Essenz des Engels: Göttliche Gnade und Beharrlichkeit
11. Lauviah - Essenz des Engels: Göttlicher Sieg
12. Hahaiah - Essenz des Engels: Himmlische Zuflucht und Schutz
13. Iezalel - Essenz des Engels: Treue
14. Mebahel - Essenz des Engels: Wahrheit und Freiheit
15. Hariel - Essenz des Engels: Klarheit und Reinigung
16. Hekamiah - Essenz des Engels: Loyalität

Gebet
zu den Engelschören, Cherubim, Raziel:
Oh, ihr erleuchteten Cherubim, ich bitte euch helft mir
bei meiner spirituellen Entwicklung und führt mich zur Weisheit.

9. Haziel

Der Gott der Barmherzigen

Engelschor der Cherubim, Element Erde,
Engelsfürst Raziel

Psalm 25, Vers 6
Denke, Herr, an Deine Barmherzigkeit und Deine Güte,
die vom Urbeginn der Welt gewesen ist!

Eigenschaften und Qualitäten:
Göttliche Liebe und Barmherzigkeit,
Frieden und Heiterkeit,
Reinheit, Vertrauen, Aufrichtigkeit,
Altruismus, Freundschaft.

1.5. -5.5
Essenz des Engels: Vergebung von Fehlern

9. Haziel

Engel Haziel gibt Vertrauen und lehrt zu verzeihen. Er ist Botschafter der Freundschaft und Loyalität und lässt Freundschaften wachsen. Haziel unterstützt die Heilung des Herzens durch Vergebung. Er schenkt Vertrauen und Aufrichtigkeit. Mit seiner Hilfe lassen sich Hass und Groll überwinden. Haziel führt in die Bereitschaft zu vergeben und sich zu versöhnen. Durch ihn erfahren wir Gottes Barmherzigkeit und Liebe. Er begünstigt finanzielle Transaktionen. Es ist der Engel der Engel, der verzeiht und uns Würde gibt.

Praktische Beispiele:

- **Partnerschaft und Beziehungen:** Du kannst bei allen Streitigkeiten, Konflikten und Uneinigkeiten Haziel um Hilfe bitten, damit wieder Harmonie und Einigkeit einkehrt. Insbesondere bei Konflikten, die sich bereits verhärtet haben und ausweglos erscheinen, ist er ein besonders kraftvoller Helfer.

- **Beziehung zu sich und anderen:** Mit seiner Hilfe kannst du eine liebvolle Beziehung zu dir selbst aufbauen, die sich dann in allen Beziehungen und in deiner Partnerschaft widerspiegelt. Durch Haziel lernst du barmherzig mit dir selbst und anderen zu sein.

- Du kannst mit Haziel **Vertrauen entwickeln** und ihn in alle Situationen einladen, die nicht in Harmonie sind. Er hilft dir, **dir selbst und anderen zu verzeihen.**

- **Finanzielle Transaktionen** sind von der wohlwollenden Kraft Haziels gesegnet.

- Du kannst ihn in allen aussichtlosen und verworrenen Situationen und Sackgassen bitten, dass er dir die Kraft gibt, deine eigene **Fehlhaltung zu erkennen und zu verzeihen**. Dadurch entwickelst du auch die Bereitschaft, anderen ihre **Fehler zu verzeihen**. Dies führt dich in eine große Freiheit.

- **Frieden:** Haziel ist der Friedensfürst, du kannst ihm alle Anliegen vorlegen, in der es Frieden benötigt.

- **Beruf, Erfolg:** Haziel hilft dir deine Fehler im Beruf und in deinem täglichen Handeln zu erkennen und zu verändern, sodass du innere Stärke entwickelst und dadurch beruflich schnell und erfolgreich vorankommst.

- **Finanzen:** Du kannst Haziel bitten, deine finanziellen Pläne zu leiten. Er wird dich segensreich in Ruhm und Reichtum führen.

Meine persönliche Bitte / Anliegen:

Gebetsimpuls:
Engel Haziel, Gott der Barmherzigkeit, ich bitte dich, erwecke in mir deine göttliche Liebe, die alle negativen Einstellungen verwandelt und alles verzeiht, damit die Kraft der Liebe in mir wirkt.
Danke / Amen / So sei es!

Impuls des Engels:
„Durch Freundschaft und Güte erkennst du die Schönheit der Welt."

Meine persönliche Erfahrung mit Haziel:

10. Aladiah

Der gnädige Gott

Engelschor Cherubim, Element Erde,
Engelsfürst Raziel.

Psalm 33, Vers 22
Deine Güte, Herr, sei über uns,
wie wir auf dich hoffen!

Eigenschaften und Qualitäten:
Göttliche Gnade und Vergebung
stärkt unser Selbstvertrauen und unterstützt die Heilung,
gibt uns eine zweite Chance,
hilft bei allen Sucht-Problemen.
begünstigt die Durchführung von Projekten

6.5.-10.5.
Essenz des Engels: Gerechtigkeit und Gnade

10. Aladiah

Engel Aladiah schenkt eine große Heilkraft. Er begünstigt das Glück in allen Bereichen des Lebens. Er kann karmische Hindernisse überwinden und damit Verstrickungen lösen. Der Respekt und die Achtung dem Göttlichen gegenüber wird von ihm gefördert. Er unterstützt Psychologen bei der Arbeit. Er schafft klare Strukturen und festigt den Willen.
Als Heilengel befreit er von Süchten wie triebhafter Sexualität, Fresssucht und Bulimie.

Praktische Beispiele:

- Du kannst Aladiah bitten, **dein Leben wieder „in den Griff"** zu **bekommen** und alle deine Verstrickungen zu lösen. Er kann deine karmischen Hindernisse auflösen und dir helfen, neu durchzustarten. Er festigt dabei deinen Willen und schenkt dir deine Würde zurück.

- Aladiah gibt dir immer wieder **eine neue Chance**, mit seiner Hilfe kannst du deine Fehler korrigieren und neu beginnen.

- **Partnerschaft, Beziehungen:** Er hilft dir alte Bilder und Vorstellungen in Beziehungen und deiner Partnerschaft neu zu überdenken. Somit bekommst du eine neue Sicht in der Partnerschaft und in deinen Beziehungen, die sich dadurch neugestalten können. „Aus einer neuen Liebe wächst neues Glück, selbst wenn die neue Liebe die alte ist." Dabei hilft dir die Kraft Aladiahs.

- **Beruf, Erfolg:** Er hilft dir, eine Niederlage zu überwinden! Er gibt dir Kraft und Struktur für einen neuen Aufbau oder eine Weiterentwicklung. Du musst die Welt nicht neu erfinden, jedoch ist es wichtig, dich neu auszurichten.

- **Gesundheit, Süchte:** Mit seiner Hilfe kannst du alle Zwänge überwinden und Süchte wie z.B. Alkoholabhängigkeit, Gewichtsprobleme, Drogenabhängigkeit heilen. Aladiah hilft dir deine Fehler aus der Vergangenheit zu erkennen und loszulassen. Er hilft dir deine Sucht und ihre Ursache zu erkennen und führt dich in die Heilung, z.B. durch das Finden der richtigen Therapie bzw. des passenden Therapeuten.

- Aladiah hilft bei **Nervosität, Angst, Depression und mangelndem Selbstvertrauen.**

Meine persönliche Bitte / Anliegen:

Gebetsimpuls:

Engel Aladiah, Gott der Gnade, ich bitte dich, bringe dein Licht in meinen Körper und in meine Seele. Gib mir deinen Frieden, stärke meine Seele und schicke mir neue Kraft für meine Ziele. Mach aus mir einen Empfänger deiner göttlichen Gnade.
Engel Aladiah, lass mich ein gutes und gerechtes Leben führen, sodass die Liebe und die Güte durch mich wirken.
Danke / Amen / So sei es!

Impuls des Engels:

„Die göttliche Gnade wirkt in dir. Viele Möglichkeiten liegen auf deinem Weg."

Meine persönliche Erfahrung mit Aladiah:

11. Lauviah

Der gelobte und erfahrene Gott

Engelschor Cherubim, Element Erde,
Engelsfürst Raziel.

Psalm18, Vers 47
Der Herr lebt und gelobt sei mein Herr,
und erhoben werde der Gott meines Heils!

Eigenschaften und Qualitäten:
Göttlicher Sieg und Erfolg
unterstützt alle Heilungsprozesse,
begünstigt ein spirituelles Leben.
Er gibt Vertrauen und Begeisterung,
göttliche Liebe, Güte und Altruismus.

11.5.-15.5.
Essenz des Engels: Sieg

11. Lauviah

Engel Lauviah sorgt für Sieg und Erfolg. Er unterstützt nützliche Unternehmungen. Mit seiner Hilfe erreicht man eine große Widerstandfähigkeit und meistert selbst die größten Herausforderungen. Er schützt vor Blitzschlag und Unwetter. Er schenkt Vertrauen und Begeisterung für alle Pläne und bringt dadurch Glück und Erfolg in alle geplanten Unternehmungen.

Praktische Beispiele:

- **Partnerschaft und Beziehungen:** Lauviah hilft dir Zuneigung und Umgänglichkeit zu entwickeln, dadurch schaffst du dir Freundschaften und Beziehungen, die dir Kraft spenden.

- **Beruf und Erfolg:** Engel Lauviah fördert das Vertrauen in dich und deine Fähigkeiten, er unterstützt deinen Unternehmergeist. Er zeigt dir, wie du die Welt erobern kannst, dies geschieht auf energetische Weise und durch göttliche Tugenden, der Rest folgt.

- Bei **großen Herausforderungen** kannst du Lauviah bitten, dass er die Kraft schenkt, um siegesreich die Situation zu meistern. Dadurch entwickelst du innere Stärke, die du für immer in dir integrieren kannst.

- Mit Lauviah kannst du **Pläne erfolgreich umzusetzen und siegreich abschließen.**

- Lauviah führt dich zu **Erfolg, Renommee und Berühmtheit.**

Meine persönliche Bitte / Anliegen:

Gebetsimpuls:
Engel Lauviah, Gott der Gelobte und Erhabene, ich bitte dich, lenke mich auf der Suche nach mir selbst. Erhöhe und verstärke meine Schwingung, damit ich mit deiner Hilfe alle Probleme lösen kann.
Kraftvoller Lauviah, du verleihst mit Kraft und Schutz, damit ich allen Herausforderungen gelassen und zuversichtlich entgegentreten kann. Du bist an meiner Seite, dein Wille geschehe durch mich.
Danke / Amen / So sei es!

Impuls des Engels:
„Alles hat seine Zeit, Erfolg braucht den richtigen Zeitpunkt. Öffne dich für die göttliche Fülle."

Meine persönliche Erfahrung mit Lauviah:

12. Hahaiah

Gott unsere Zuflucht

Engelschor der Cherubim, Element Erde,
Engelsfürst Raziel.

Psalm 10, Vers 1
Herr, warum bist du so ferne?
Verbirgst dich zur Zeit der Not.

Eigenschaften und Qualitäten:
Himmlische Zuflucht und Meditation
schenkt Frieden und fördert mediale Fähigkeiten,
gibt innere Harmonie
und löst Aggressionen und Ängste auf,
liebt das Alleinsein

16.5. -20.5.
Essenz des Engels: Zuflucht und Schutz

12. Hahaiah

Engel Hahaiah schenkt Harmonie und Frieden. Er fördert die medialen Fähigkeiten. Durch seine Unterstützung erreicht man großes Verständnis, Weisheit und Stabilität. Hahaiah fördert die reine, selbstlose Liebe. Er hilft alle Ängste in positive Kräfte zu verwandeln. Mit ihm kann man in Meditation verweilen und die himmlische Zuflucht genießen.

Praktische Beispiele:

- **Partnerschaft und Beziehungen:** Hahaiah hilft dir, falsche Freunde zu erkennen und dich von alten Bindungen zu lösen, damit dein Herz frei wird.

- **Beruf und Erfolg:** Er hilft dir Hürden zu überwinden und Verluste hinzunehmen. Erfolg stellt sich ein, wenn du von dir selbst überzeugt bist und deinen eigenen Impulsen vertraust.

- Du kannst Engel Hahaiah bei **allen Ängsten** bitten, dir zu helfen, diese zu überwinden. Auch **Phobien** wie z.B. Klaustrophobie (Platzangst) hilft er zu meistern. Er schenkt dir innere Kraft und Stärke.

- Ungelöste **Aggressionen** hilft Hahaiah zu lösen.
  Du kannst ihn bitten, deine inneren aggressiven Teile zu heilen und dir Kraft zu schenken, wenn du im Außen immer wieder mit aggressiven Menschen zu tun hast. Er löst deine Resonanz mit Aggressionen und schenkt dir (inneren) Frieden.

- Er hilft dir **den richtigen Platz im Leben zu finden**, egal ob das richtige Haus, Wohnung oder grundsätzlich der Platz in deinem Leben.

Meine persönliche Bitte / Anliegen:

Gebetsimpuls:
Engel Hahaiah, Gott der Zuflucht, hilf mir meinen inneren Ort der Ruhe zu finden, damit ich Zugang zu den verborgen Mysterien erhalte.
Strahlender Hahaiah, gerechtes Lichtwesen, beschütze mich und meine Lieben.
Stärke mein Vertrauen.
Danke / Amen / So sei es!

Impuls des Engels:
„Erkenne die göttliche Quelle allen Wissens in dir. Sie gibt dir inneren Frieden."

Meine persönliche Erfahrung mit Hahaiah:

13. Iezalel

Gott, der Treue

Engelschor Cherubim, Element Luft,
Engelsfürst Raziel.

Psalm 98, Vers 4
Jauchzet dem Herrn alle Welt,
singet, rühmt und lobet!

Eigenschaften und Qualitäten:
Treue und Versöhnung
verhilft zu Ordnung und Harmonie,
hilft aus schwierigen Situationen,
stärkt die Willenskraft.
Ist den göttlichen Prinzipien treu.
Duldsamkeit, Hellsicht, Standhaftigkeit,
Klarheit im Denken.
Gleicht das männliche und weibliche Prinzip aus,
unterstützt das Lernen.

21.5. -25.5.
Essenz des Engels: Treue

13. Iezalel

Engel Iezalel hilft Willensstärke zu entwickeln und die Beobachtungsgabe zu schulen. Er unterstützt die Liebe zu sich selbst und zu den Menschen zu entdecken. Mit seiner Hilfe kann man die Treue zu sich, den göttlichen Prinzipien und in Beziehungen entwickeln. Iezalel gleicht das männliche und weibliche Prinzip aus. Er hilft aus schwierigen Situationen und stärkt die Standhaftigkeit und Duldsamkeit.

Praktische Beispiele:

- **Partnerschaft und Beziehungen:** In der Beziehung hilft dir Iezalel deine Gefühle zu zeigen und zu benennen. Er hilft dir in Freud und Leid miteinander zu leben und es auch zu besprechen und auszudrücken.

- **Beziehung zu sich und anderen:** Iezalel hilft dir, dir selbst treu zu sein und sichert dir dadurch die Treue deines Partners und deine Treue in allen Beziehungen.

- **Beruf und Erfolg:** Er hilft dir Gleichgesinnte zu finden, die mit gleicher Leidenschaft die gleichen Pläne verfolgen und zum Erfolg führen.

- Du kannst Iezalel in alle Situationen hineinbitten, in denen es **Harmonie, Versöhnung und Ordnung benötigt.**

- Er hilft dir, Treue zu dir und den göttlichen Prinzipien zu entwickeln, und stärkt deine Willenskraft.

- Iezalel hilft dir durch alle **schwierigen Situationen** hindurch, bitte ihn um seinen Beistand.

- Er hilft dir besonders leicht und effizient zu lernen. **Bei der Prüfungsvorbereitung** inspiriert er dich zur richtigen Zeit, das Richtige zu lernen.

Meine persönliche Bitte / Anliegen:

Gebetsimpuls:
Liebe Engel Iezalel, Gott der Treue, ich bitte dich, lass mich ein treuer Diener deiner göttlichen Prinzipien sein. Befreie mich von allen Anhaftungen, damit ich in Harmonie und Frieden mit meinen Mitmenschen leben kann.
Großzügiger Iezalel, ich bitte dich, hilf mir ein guter Freund zu sein. Es ist schön zu wissen, dass ich nicht alleine bin, dass andere an meinem Leben teilhaben, dadurch erhält mein Leben einen Sinn.
Danke / Amen / So sei es!

Impuls des Engels:
„Besinne dich auf die Kraft in dir, Liebe und Standhaftigkeit sind in dir.“

Meine persönliche Erfahrung mit Iezalel:

14. Mebahel

Gott, der sein Versprechen hält

Engelschor Cherubim, Element Luft,
Engelsfürst Raziel.

Psalm 9, Vers 10
Und der Herr ist den Armen Schutz,
ein Schutz in Not.

Eigenschaften und Qualitäten:
Wahrheit und Gerechtigkeit.
Gibt Hoffnung und befreit von Unterdrückung.
Engagement. Bindungslose Liebe, Reichtum, Vermittler.
Liebt, was richtig ist,
stellt die natürliche Ordnung wieder her

26.5. -31.5.
Essenz des Engels: Wahrheit und Gerechtigkeit

14. Mebahel

Engel Mebahel verhilft zu einem harmonischen Miteinander. Mit seiner Hilfe gelangt man zur Herzensbildung und entwickelt die Eigenschaften Ehrlichkeit und Gerechtigkeit. Mit seiner Hilfe können Durststrecken gut überwunden werden. Mebahel hilft Ungerechtigkeiten zu lösen und von Unterdrückung zu befreien. Durch ihn kommt die Wahrheit ans Licht, und Gerechtigkeit waltet. Er stellt die natürliche Ordnung in allen Belangen wieder her.

Praktische Beispiele:

- **Partnerschaft und Beziehung**: Mebahel führt dich in die bindungslose Liebe, er löst die Verstrickungen und Anhaftungen in allen Beziehungen (Eltern, Kinder, Partner, Geschäftsbeziehungen), sodass eine Beziehung in Freiheit und Liebe bzw. Achtung und Respekt, gelebt werden kann.

- **Beruf und Erfolg:** Mebahel schafft die natürliche Ordnung und löst dich von allen Bindungen, die dir den Erfolg verhindern. Er führt dich in den Erfolg und schafft natürlichen Reichtum.

- Mebahel hilft dir bei **Mobbing am Arbeitsplatz**.

- Engel Mebahel verhilft dir zu Wahrheit und Gerechtigkeit. Du kannst ihn **bei allen Ungerechtigkeiten** bitten, Gerechtigkeit walten zu lassen und die Wahrheit ans Licht zu bringen.

- Mebahel **befreit von Unterdrückungen**, bitte ihn um seine Hilfe.

- Bei **Ungerechtigkeit, bei Versicherungsangelegenheiten und bei Familienunstimmigkeit** stellt Mebahel die natürliche Ordnung wieder her.

Meine persönliche Bitte / Anliegen:

Gebetsimpuls:
Engel Mebahel, Gott der seine Versprechen hält, ich bitte dich, stelle in mir deine natürliche Ordnung wieder her, damit ich die Wahrheit und Gerechtigkeit erkennen und leben kann.
Gerechter Mebahel, ich vertraue darauf, dass mir mit deiner Hilfe Gerechtigkeit widerfährt. Lass mich auf Menschen treffen, die gerecht leben wollen.
Danke / Amen / So sei es!

Impuls des Engels:
„In der Tiefe deiner Seele findest du die göttliche Gerechtigkeit, sie wirkt in dir."

Meine persönliche Erfahrung mit Mebahel:

15. Hariel

Gott der Läuternde

Engelschor Cherubim, Element Luft,
Engelsfürst Raziel.

Psalm 94, Vers 22
Aber der Herr ist mein Schutz;
Mein Gott ist der Hort meiner Zuversicht!

Eigenschaften und Qualitäten:
Reinigung und Reinheit
unterstützt die spirituelle Entwicklung,
inspiriert Wissenschaftler und Künstler,
entdeckt neue Möglichkeiten,
befreit von jeder Form der Abhängigkeit,
schafft Klarheit im Denken,
befreit vom Gelähmtsein, vor allem im Handeln.

1.6 -5.6.
Essenz des Engels: Wahrheit und Freiheit

15. Hariel

Engel Hariel gibt Klarheit im Denken. Er hilft bei der Entdeckung neuer Methoden und nützlichen Erfindungen. Er befreit von der Lähmung im Handeln und lässt wieder ins Tun kommen. Hariel befreit von jeder Form der Abhängigkeit. Er inspiriert Wissenschaftler und Künstler. Hariel steht für die Läuterung des Bewusstseins und befreit dadurch von allen mentalen Blockaden. Er hilft Menschlichkeit und Toleranz zu entwickeln. Er hilft schlechte Gewohnheiten zu beenden.

Praktische Beispiele:

- **Partnerschaft und Beziehungen:** Hariel hilft dir in der Beziehung deinen Standpunkt zu vertreten und Grenzen zu zeigen. Er löst Abhängigkeiten in Partnerschaft und Beziehungen.

- **Beruf und Erfolg:** Er hilft dir mit Disziplin neue Methoden zu entwickeln. Er zeigt dir, wie du handeln kannst, ohne zu fordern, das zahlt sich aus.

- **Abhängigkeiten und Süchte**: Hariel hilft dir, dich von allen Abhängigkeiten und Süchten zu lösen. Bitte ihn um seine Hilfe, er wird dich führen und dir die nötige Kraft schenken.

- Hariel inspiriert alle **Wissenschaftler und Künstler**. Mit seiner Hilfe ist es möglich, neue Erfindungen zu machen und neue Wege zu gehen.

- Du kannst mit Hilfe von Hariel **mit allem Alten** (Gewohnheiten, mentale Blockaden, persönliche Einschränkungen, etc.) **abschließen.**

- Er hilft dir ab jetzt ein neues Kapitel im Buch deines Lebens zu schreiben. Erkenntnisse werden dir zuteil, die dir deine hemmenden Muster bewusst werden lassen und neue, **kraftspende Programme in dir aktivieren.**

- Hariel befreit dich**, wenn du im Handel gelähmt bist.** Er stärkt dich, damit du wieder ins Tun kommst.

- Er **befreit dich von Fremdenergien und Energievampiren**, indem er dich innerlich stärkt.

Meine persönliche Bitte / Anliegen:

Gebetsimpuls:

Engel Hariel, Gott der Erretter, ich bitte dich, befreie mich von allen Abhängigkeiten und läutere mein Bewusstsein, damit ich die göttlichen Gesetze und das wahre Wissen erkenne.
Engel Hariel, ich bitte dich, verhilf mir zur Klarheit und bringe das Licht der Liebe in mir zum Strahlen, damit ich in Liebe meine Arbeit verrichte.
Danke / Amen / So sei es!

Impuls des Engels:

„Vertraue deinen Impulsen, du bist göttlich geführt und handle aus dieser Quelle."

Meine persönliche Erfahrung mit Hariel:

16. Hekamiah

Gott der Loyale

Engelschor Cherubim, Element Luft,
Engelsfürst Raziel.

Psalm 88, Vers 1
Herr, Gott, mein Heiland!
Ich schreie Tag und Nacht nach dir.

Eigenschaften und Qualitäten:
Offenheit und Edelmut
stärkt das Selbstvertrauen,
verhilft zu Intuition und Sensibilität,
hilft bei Arbeitssuche und dabei, leistungsfähig zu werden.
Er verhilft zur Fruchtbarkeit und Selbstliebe.
Göttliche Liebe

6.6. – 10.6.
Essenz des Engels: Loyalität

16. Hekamiah

Mit der Hilfe von Engel Hekamiah kann man Aufrichtigkeit, Verlässlichkeit und Mut entwickeln. Durch seine Unterstützung werden Unternehmungen erfolgreich. Er stärkt das Selbstvertrauen. Hekamiah stärkt die Sensibilität und die Intuition. Hekamiah entwickelt die innere Reife um ein guter Leader, Chef oder Präsident zu sein. Es ist der Engel der Schaffenskraft, der den rechten Weg zeigt.

Praktische Beispiele:

- **Beziehungen und Partnerschaft:** Er befreit dich aus der Einsamkeit, und lässt die Liebe in dir erwachen.

- Er unterstützt dich bei **deiner Arbeitssuche** und stärkt deine Zuversicht, damit sich deine beruflichen Visionen erfüllen.

- Er führt dich in die Tugenden, um **viel Verantwortung tragen** zu können und vertraut dir hohe Dienste an. Du kannst Hekamiah bitten, dich in eine **Führungsposition zu führen**.

- **Bei Minderwertigkeitsgefühlen** kannst du Hekamiah bitten, dein Selbstvertrauen zu stärken.

- Wenn du deine **Intuition und Sensibilität** schulen und stärken möchtest, ist Hekamiah ein guter Lehrer. Er wird deine Sensibilität schulen, um immer mehr Feinstoffliches wahrzunehmen.

- **Kinderwunsch:** Mit seiner Hilfe kannst du deinen Kinderwunsch erfüllen. Bei zäher Fruchtbarkeit hilft er.

- Mit seiner Hilfe **erhältst du Ansehen** in deinem Beruf und in der Öffentlichkeit, wenn du in einer sozialen Organisation tätig bist.

Meine persönliche Bitte / Anliegen:

Gebetsimpuls:
Engel Hekamiah, ich bitte dich, befreie mich vom meiner inneren Zerrissenheit, damit ich verantwortungsbewusst und friedvoll leben kann.
Erhabener Hekamiah, göttliches Licht, erfülle mich mit Dankbarkeit und positiven Eigenschaften, die du in mir zum Erblühen bringst. Mit deiner Hilfe bringe ich alle Qualitäten zur Geltung.
Danke / Amen / So sei es!

Impuls des Engels:
„Mit Freude und Leichtigkeit kannst du alle Hindernisse überwinden."

Meine persönliche Erfahrung mit Hekamiah:

Erzengel Zafkiel

Die Throne

Sie helfen uns den Sinn unserer Prüfungen zu verstehen

Engel 17 – 24

Zafkiel, Hüter der Kosmischen Intelligenz.
Sein Name bedeutet ‚Erblicker des Auge Gottes'.
Zafkiel sorgt dafür, dass wir uns innerlich
die für uns notwendigen Grenzen sprengen
und enthüllt uns alles, was wir wissen müssen.
Er leitet den Weg der Menschen durch alle Inkarnationen,
das Schicksal der gesamten Menschheit,
den Weg der Sterne, und des Universums.

17. Lauviah - Essenz des Engels: Offenbarung
18. Caliel - Essenz des Engels: Wahrheit und Gerechtigkeit
19. Lauviah - Essenz des Engels: Wohlstand
20. Pahaliah - Essenz des Engels: Reinheit und Erlösung
21. Nelkahel - Essenz des Engels: Wissen und Erkenntnisse
22. Yeiaiel - Essenz des Engels: Berühmtheit
23. Melahel - Essenz des Engels: Gesundheit und Heilung
24. Haheuiah - Essenz des Engels: Schutz

Gebet zu den Thronen, Zafkiel:
Oh, ihr vortrefflichen Throne,
Ich bitte euch, helft mir meine Prüfungen zu verstehen
und innere Ruhe zu entwickeln.

17. Lauviah

Gott, der Offenbarende

Engelschor der Throne, Element Luft,
Engelsfürst Zafkiel.

Psalm 8 Vers 2
Herr, unser Herrscher,
wie herrlich ist Dein Name in allen Ländern!

Eigenschaften und Qualitäten:
Offenbarung und Wahrnehmung,
verhilft zu spiritueller Erkenntnis,
fördert Intuition und Wahrträume,
hilft bei Schlaflosigkeit, Traurigkeit und Sorge,
Kenntnis und Funktionsweise der Psyche

11.6. -15.6.
Essenz des Engels: Offenbarung

17. Lauviah

Mit der Hilfe von Lauviah kann man übersinnliche Erfahrungen machen. Er gibt innere Ruhe. Er Inspiriert Künstler. Ängste, Kummer und Trauer lassen sich mit seiner Hilfe überwinden. Mit seiner Hilfe kann man Pläne und Konzepte umsetzen und Ziele erreichen. Mit Lauviah werden kosmische Zusammenhänge erkannt, und man kann somit Vertrauen in die göttlichen Gesetzmäßigkeiten entwickeln.
Als Heilengel hilft er bei allen Knochenleiden und Osteoporose und bei allen Störungen der Psyche.

Praktische Beispiele:

- **Liebe und Partnerschaft:** Lauviah hilft dir deinen Partner auf Augenhöhe zu begegnen, sodass keiner den anderen dominiert, ein Miteinander ohne Vorurteile ist möglich.

- **Beruf:** Willst du deine beruflichen Umstände verbessern, hilft er dir, deine Möglichkeiten zu erkennen und deine Gewohnheiten zu verändern, damit du deine Pläne und Konzepte umsetzen kannst.

- Lauviah hilft dir **Lebenskrisen zu transformieren** und dich von selbstverschuldeten Schwierigkeiten durch Selbstvergebung zu befreien.

- Du kannst mit Hilfe von Lauviah **deine Pläne umsetzen und deine Ziele erreichen.** Du kannst deine Sorgen überwinden und Vertrauen in dein Leben entwickeln.

- **Gesundheit:** Lauviah hilft dir bei allen psychischen Störungen wieder ins Gleichgewicht zu kommen. Bitte ihn, damit er dich in die Heilung führen kann.

- Lauviah hilft allen **Künstlern** ihre Kreativität zu leben und schenkt ihnen Inspirationen.

- Bei **Knochenleiden und Osteoporose** unterstützt Lauviah die Heilung und zeigt dir, wo es Not tut, dein Leben bzw. deine Einstellung zu verändern, um den Körper gesunden zu lassen.

Meine persönliche Bitte / Anliegen:

Gebetsimpuls:
Engel Lauviah, Gott der Offenbarung, ich bitte dich, befreie mich von meinem ungesunden Geist, der die Angst und die seelischen Qualen verursacht. Offenbare mir deine göttlichen Tugenden und erwecke in mir die göttliche Weisheit. Strahlender Lauviah, Engel der Zuversicht und Fülle, hilf mir das Leben hoffnungsvoll und gelassen anzugehen. Öffne mein Herz und verstärke meine Ausstrahlung, damit sich die Türe zum Erfolg öffnen kann.
Danke / Amen / So sei es!

Impuls:
„Ich gebe dir den Schlüssel zur Weisheit, der in deinem Innersten verborgen liegt."

Meine persönliche Erfahrung mit Lauviah:

18. Caliel

Der Gerechtigkeit walten lässt.

Engelschor der Throne, Element Luft,
Engelsfürst Zafkiel.

Psalm 7, Vers 9
Der Herr ist Richter über die Völker.
Richte mich, nach meiner Gerechtigkeit und Frömmigkeit!

Eigenschaften und Qualitäten:
Wahrheit und Gerechtigkeit,
gute Urteilskraft und Ehrlichkeit.
hilft bei Depression und Mutlosigkeit,
beseitigt Zweifel, befolgt die göttlichen Gesetze,
die Fähigkeit Absichten zu erkennen,
Integrität.

16.6. -21.6.
Essenz des Engels: Aufrichtigkeit, Gerechtigkeit.

18. Caliel

Caliel schenkt die Fähigkeit zu erkennen was richtig und falsch ist. Mit seiner Hilfe kann man die Identitätskrise überwinden und ein selbstbestimmtes Leben führen. Caliel hilft falsche Wertvorstellungen dem Geld gegenüber aufzulösen und inneren und äußeren Reichtum zu erlangen. Mit seiner Hilfe kann man seine tiefsten Ängste sowie Sicherheitsbedürfnisse erkennen und verändern. Caliel bringt Harmonie in Beziehungen und lässt den Wert der Partnerschaft erkennen. Caliel unterstützt bei Ungerechtigkeit, denn er bringt die Wahrheit ans Licht. Er hilft Wahrheit und Lüge zu unterscheiden.

Praktische Beispiele:

- **Liebe und Partnerschaft**: Er verhilft dir zu einer harmonischen Partnerschaft, er bringt Sinnlichkeit, Herzlichkeit und Gemeinsamkeit in deine Beziehungen. Er fördert die Zweisamkeit, sodass du den wahren Wert deiner Partnerschaft erkennen kannst.

- **Beruf:** Er lehrt dir, dass dir dein Beruf Erfahrungen schenkt, und dir dadurch dein Auskommen zu schaffen. Caliel schenkt dir das Gefühl von Reichtum. Reichtum lebt nicht vom Luxus, sondern von der Liebe zum Beruf und deinen Talenten. Das führt dich in die Fülle.

- **Bei Ungerechtigkeiten** hilft dir Caliel die Wahrheit ans Licht zu bringen und die Lüge zu erkennen. Du wirst wissen, was falsch und richtig ist.

- **Bei Geldschwierigkeiten** kannst du Caliel bitten, deine falschen Wertvorstellungen darüber aufzulösen und dich in den wahren Wohlstand zu führen.

- **Existenzängste:** Caliel hilft dir deine Ängste und die Wurzel deines Sicherheitsbedürfnisses zu erkennen und so zu verändern, dass du vertrauen kannst und deinen inneren Wert erkennen kannst, sodass du von innen heraus in Fülle leben kannst.

- **Bei Depressionen und Mutlosigkeit** schenkt Caliel neue Kraft.

- Caliel hilft **Ungerechtigkeiten aufzulösen** und Wertvorstellungen zu korrigieren, um zu innerem und äußerem Reichtum zu gelangen.

- Caliel löst alte Strukturen auf und **hilft neue Konzepte zu finden**, um immer flexibler zu sein.

Meine persönliche Bitte / Anliegen:

Gebetsimpuls:
Caliel, Gott der Gerechtigkeit walten lässt, hilf mir zu erkennen was gut und richtig ist, damit ich mein Leben in göttlicher Gerechtigkeit leben kann.
Danke / Amen / So sei es!

Impuls des Engels:
„Das göttliche Licht der Gerechtigkeit führt dich."

Meine persönliche Erfahrung mit Caliel:

19. Leuviah

Gott, der Erinnernde

Engelschor Throne, Element Wasser,
Engelsfürst Zafkiel.

Psalm 40, Vers 2
Ich harrte des Herrn, und er neigte sich zu mir
und hörte mein Schreien!

Eigenschaften und Qualitäten:
Intelligenz und kosmisches Gedächtnis.
Behüter der kosmischen Bibliothek.
Gibt Kraft und Mut.
Hilft die Prüfungen des Lebens zu verstehen.
Erinnerungen an frühere Leben. Große Geduld, Bescheidenheit.
Bereit, jenen zu helfen die Hilfe brauchen.

22.6. -26.6.
Essenz des Engels: Wohlstand

19. Leuviah

Leuviah schenkt Einblick in den Sinn des Lebens. Er verhilft entprechend der persönlichen Möglichkeiten zum Erfolg. Leuviah hilft bei der Auflösung von schwierigen Problemen. Er unterstützt dem Zeitgeist entsprechende vernünftige Ziele zu schmieden. Er fördert die Intelligenz, schenkt ein perfektes Gedächtnis und verhilft zu einem guten Urteilsvermögen. Er gibt Gelassenheit, Vernunft und Optimismus. Er hilft Hoffnungslosigkeit und Pessimismus zu überwinden.

Praktische Beispiele:

- **Partnerschaft:** Er lehrt dir, dass die wahre Liebe immer da ist. Bleibt deine Sehnsucht unerfüllt, so ist es ein Zeichen, dass du einem Klischee nachjagst. Leuviah führt dich in die wahre Liebe. Bitte ihn bei Partnerschaftsproblemen um seine Hilfe und folge ihm.

- **Beruf:** Er zeigt dir, dass zu viel Aktivität dich nicht weiterbringt. Leuviah hilft dir, dich deinen alltäglichen Herausforderungen zu stellen. Er führt dich in die innere Sammlung, aus der du kraftvoll in den Erfolg schreiten kannst.

- Leuviah hilft dir die Prüfungen deines Lebens zu verstehen und zu lösen. Du kannst ihn **bei allen Problemen und Schwierigkeiten** um seine Hilfe bitten, er wird dich die Ursache erkennen lassen und herausführen.

- Er hilft dir **Optimismus zu entwickeln** und Schwierigkeiten aufzulösen. Er dient dem persönlichen Erfolg und zeigt die Sinnhaftigkeit in allen Dingen.

- Mit seiner Hilfe kannst du die Fehler erkennen, die aus der Vergangenheit kommen und sie transformieren.

Meine persönliche Bitte / Anliegen:

Gebetsimpuls:

Engel Leuviah, Gott der Erinnernde, ich bitte dich, lass mich meine Fehler aus der Vergangenheit erkennen und verändern und öffne mir das Tor zum kosmischen Gedächtnis.
Danke / Amen / So sei es!

Impuls des Engels:

„Göttliche Liebe zeigt sich dir als Energie im Herzen“

Meine persönliche Erfahrung mit Leuviah:

20. Pahaliah

Gott der Erlöser

Engelschor Throne, Element Wasser,
Engelsfürst Zafikiel

Psalm 12, Vers 2
Hilf, Herr, die Heiligen sind entschwunden,
und der Gläubigen sind nur wenige unter den Menschenkindern

Eigenschaften und Qualitäten:
Erlösung und Transzendenz
gibt Mut und Ausdauer.
Erwachen der Kundalini Lebenskraft.
Hilft Prüfung zu durchlaufen, gibt Ausdauer.
Verbindung zum hohen Selbst.
Harmonisches, spirituelles Leben
Stärkt den Glauben, Selbstdisziplin,
Entschlossenheit und Einsatzbereitschaft

Schutzengel 27.6. -1.7.
Essenz des Engels: Auszeichnung

20. Pahaliah

Durch die Qualität von Pahaliah erreicht man eine erweiterte Wahrnehmung und kann große Zusammenhänge erkennen. Höchste Erkenntnis und Intuition lässt sich mit seiner Hilfe entwickeln. Pahaliah löst Fesseln und stärkt den Optimismus. Er fördert Wahrheit, Gerechtigkeit, Selbstdisziplin und Entschlusskraft. Dem, der sich auf seine Ideale ausrichtet, verhilft er zum Erfolg. Er hilft das Gute in die Welt zu tragen. Es ist der Engel, der Fesseln löst und den Optimismus stärkt.

Praktische Beispiele:

- **Partnerschaft:** Er lehrt dich deinen Gefühlen zu vertrauen. Er zeigt, dass die guten Dinge in dir liegen. Mit Pahaliah kannst du deinen Standpunkt vertreten und dich in deinen Beziehungen behaupten.

- **Beruf:** Pahaliah hilft dir nach den Sternen zu greifen – Unerreichbares kannst du mit seiner Hilfe erreichen. Bitte ihn, deine innere Kraft zu aktivieren und deine Lebensenergie gewinnbringend einzusetzen.

- **Spiritualität:** Mit seiner Hilfe bekommst du eine Verbindung zu deinem höheren Selbst und kannst deine Intuition schulen.

- **Prüfungen:** Pahaliah schenkt dir Entschlusskraft, um alle Anforderungen zu bewältigen. Mit seiner Hilfe kannst du all deine Ziele erreichen.

- **Lebenskraft:** Pahaliah hilft dir Energieräuber zu entlarven und deine eigene Lebenskraft zu aktivieren

Meine persönliche Bitte / Anliegen:

Gebetsimpuls:
Engel Pahaliah, Gott der Erlöser, ich bitte dich, hilf mir, die Prüfungen des Lebens mutig und mit Ausdauer zu durchqueren.
Wunderbarer Pahaliah, dir verdanke ich meine spirituellen Erkenntnisse. Du stärkst meine Selbstdisziplin und hilfst mir Schwäche und Mutlosigkeit zu überwinden. Hilf mir, dass ich Antworten auf meine Fragen finde, sodass ich etwas zum Wohle meiner Mitmenschen beitragen kann.
Danke / Amen / So sei es!

Impuls des Engels:
„Achte auf deine Intuition, sie sind göttliche Impulse.“

Meine persönliche Erfahrung mit Pahaliah::

21. Nelkhael

Gott der Allwissende und alles Erkennende.

Engelschor der Throne, Element Wasser,
Engelsfürst Zafkiel.

Psalm 31, Vers 15
Ich, aber, Herr, hoffe auf Dich, und spreche:
Du bist mein Gott!

Eigenschaften und Qualitäten:
Allweisheit und Verständnis.
Für Geometrie und Astronomie.
Gute Konzentrationsfähigkeit.
Erleichtert das Lernen und hilft Prüfungen zu bestehen.
Guter Pädagoge und Lehrer.
Inspiriert Wissenschaftler und Philosophen

2.7. – 6.7.
Essenz des Engels: Wissen und Erkenntnis.

21. Nelkhael

Engel Nelkhael hilft bei Nervosität und Depressionen. Seine Qualitäten zeigen sich in vielen Wissensbereichen. Er hilft festgefahrene Denkmuster zu überwinden. Mit seiner Hilfe werden geistige Kräften aktiviert, und es mündet in geistigem Erfolg.

Praktische Beispiele:

- **Partnerschaft:** Nelkhael hilft dir achtsam in allen Beziehungen zu sein und erinnert dich daran, dass du dich auf die Himmlische Führung verlassen sollst-

- **Beruf:** Mit seiner Hilfe lässt sich jede Idee verwirklichen.

- **Wissenschaftler, Philosophen und Pädagogen** werden von ihm gern unterstützt.

- Bei **Prüfungen** hilft er dir leichter zu lernen und die Prüfungen zu bestehen. Er steigert die **Konzentrationsfähigkeit**.

- In **schwierigen Situation** hilft dir Nelkhael zu erkennen, worin die Prüfung für dich liegt, und diese zu bestehen, damit sie sich lösen können.

- Wenn du dich mit Engel Nelkhael verbindest, kannst du **Allweisheit** entwickeln.

Meine persönliche Bitte / Anliegen:

Gebetsimpuls:
Himmlischer Nelkhael, erhelle meinen Geist mit deinem Licht und hilf mir meine falschen Gedanken zu erkennen. Befreie mich von den Fesseln meines Unwissens.
Danke / Amen / So sei es!

Impuls des Engels:
„Deine innere Stärke und Kraft führen dich zum Erfolg.“

Meine persönliche Erfahrung mit Nelkhael:

22. Yeiayel

Die Rechte Hand Gottes.

Engelschor der Throne, Element Wasser,
Engelsfürst Zafkiel.

Psalm 121, Vers 5
Der Herr behüte,
der Herr ist dein Schatten über deiner rechten Hand.

Eigenschaften und Qualitäten:
Großzügigkeit und Güte.
Begünstigt Erfolg in finanziellen Dingen.
Unterstützt bei künstlerischen und wissenschaftlichen Tätigkeiten,
Ruhm, Glück und Erfolg in gemeinnützigen Institutionen.
Großzügigkeit.

7.7. – 11.7.

Essenz des Engels: Ansehen

22. Yeiayel

Yeiayel schützt die Reisenden. Mit seiner Hilfe kann man erreichen, sich selbst zu beherrschen. Es wird durch ihn der Sinn des Lebens erkannt. Yeiayel hilft den sicheren Hafen zu verlassen und neue Wege zu gehen. Er ist der Engel, der den Handel schützt und uns Gedanken lesen lässt.

Praktische Beispiele:

- **Partnerschaft:** Yeiayel hilft dir die Gunst und Schönheit deiner Beziehung zu erkennen. Wenn du die positiven Aspekte in deinen Beziehungen nicht mehr sehen kannst, ist Yeiayel der Richtige.

- **Beruf:** Yeiayel zeigt dir, wie du dich beruflich neu organisieren kannst. Er hilft dir, deine Schwierigkeiten in deinem Job, deinen Projekten, aufzulösen. Mit ihm kannst du deine Gedanken neu ordnen, sodass dein Fühlen und Handeln in Einklang sind.

- Yeiayel hilft dir deine **Finanzen in Ordnung zu bringen** und schenkt dir die richtigen Inspirationen für Geldanlagen und Investitionen.

- **Ruhm, Glück und Erfolg** sind mit Yeiayel gewiss.

- Er unterstützt Forschungsreisende und **ermöglicht überraschende Entdeckungen.**

- Er unterstützt dich, damit du deinen Leistungen entsprechend honoriert wirst und **schafft einen guten materiellen Ausgleich**.

Meine persönliche Bitte / Anliegen:

Gebetsimpuls:
Strahlender Yeiayel, hilf mir in Übereinstimmung mit deinem göttlichen Willen zu handeln, gewähre mir deinen Beistand.
Danke / Amen / So sei es!

Impuls des Engels:
„Höchste göttliche Impulse leiten dich und führen dich zur Erkenntnis."

Meine persönliche Erfahrung mit Yeiayel:

23. Melahel

Gott, der von Übel und Krankheit befreit.

Engelschor Throne, Element Wasser,
Engelsfürst Zafkiel.

Psalm 121, Vers 8
Der Herr behüte deinen Ausgang und Eingang
Von nun an bis in Ewigkeit!

Eigenschaften und Qualitäten:
Heilkraft und Glaubenskraft.
Unterstützt die Kräuterheilkunde,
kennt die Geheimnisse der Naturkräfte,
fördert die Freundschaft und zwischenmenschliche Beziehungen,
stärkt die Entscheidungskraft,
hilft bei riskanten Unternehmungen,
erleichtert die Ausdrucksfähigkeit in Wort und Schrift.
Fähigkeit zu Heilen.

12.7. – 16.7.
Essenz des Engels: Gesundheit und Heilung

23. Melahel

Dieser Engel sensibilisiert für kulturelle und finanzielle Wertbetrachtungen.
Mit seiner Hilfe kann Selbstbewusstsein entwickelt werden. Er stärkt die innere Kraft und lässt offenherzig durch das Leben gehen. Mit seiner Hilfe erkennt man, was man kann und geht entsprechend sicher voran.

Als Heilengel hilft er bei Herz- und Kreislaufproblemen, sowie bei Nervenkrankheiten, Blutarmut, Knöchelverstauchungen, Krampfadern und Hautproblemen.

Praktische Beispiele:

- **Beziehungen:** Melahel hilft dir deinen **Freundeskreis zu erweitern** und ein positives Umfeld zu schaffen.
- Im **Beruf** hilft er dir anstehende Aufgaben zu lösen und gibt dir die Kraft für größere Vorhaben.
- **Kommunikation:** Er verleiht deiner Stimme Gefühl. Dadurch wirst du kraftvoll und harmonisch kommunizieren.
- Mit Melahel kannst du den **Glauben an deine Heilung stärken** und durch deine mentale Kraft Heilung erfahren.
- Bei **Herz- und Kreislaufproblemen, Nervenkrankheiten, Blutarmut, Knöchelverstauchungen, Krampfadern und Hautproblemen** verschafft Melahel Linderung und Heilung.

Meine persönliche Bitte / Anliegen:

Gebetsimpuls:
Lieber Engel Melahel, göttliche allumfassende Kraft, ich bitte dich, durchströme mich mit deinem göttlichen Atem des Vertrauens und des Mutes, entferne alle Hindernisse, die mich beschränken.
Danke / Amen / So sei es!

Impuls des Engels:
„Der göttliche Wille wirkt durch deinen Willen durch deinen Körper und bringt dir Heilung auf allen Ebenen.“

Meine persönliche Erfahrung mit Melahel:

24. Haheuiah

Gott, der Beschützer.

Engelschor Throne, Element Wasser,
Engelsfürst Zafkiel.

Psalm 32, Vers 8
Ich will dich unterweisen und dir den Weg zeigen,
den du wandern sollst, ich will dich mit meinen Augen leiten!

Eigenschaften und Qualitäten:
Ehrlichkeit und Wahrheitsliebe.
Schützt und beschützt,
begünstig die Versöhnung,
hilft Fehler wieder gutzumachen.
Ehrlichkeit, Wahrheitsliebe, Unbestechlichkeit.
Hilft Depressionen zu überwinden.

17.7. – 22.7.
Essenz des Engels: Schutz, und Glück haben.

24. Haheuiah

Dieser Engel bringt Klarheit und befreit von Illusionen. Er hilft bei der Realisierung der Träume. Er lässt Freunde finden und Pläne schmieden. Er hilft den Visionen eine gute Basis zu geben. Es ist der Engel, der die Familien schützt, und die Antwort aus der Seele gibt.

Praktische Beispiele:

- **Partnerschaft:** Er erinnert dich an die wahre Liebe.

- **Beruf:** hilft dir Zuversicht in deine Arbeit zu entwickeln, damit du den nächsten Schritt tun kannst und deine Herausforderungen annehmen und bestehen kannst.

- Er **beschützt dich auf Reisen** und hilft negative Energie von dir fernzuhalten.

- Haheuiah gibt dir rechtzeitig Zeichen, **wenn dir Gefahr droht**.

- Du kannst Haheuiah überall um Hilfe bitten, wenn du es mit **Unehrlichkeit** zu tun hast, ob in der Schule, im Beruf oder wenn Jusitzfehler vorliegen.

Meine persönliche Bitte / Anliegen:

Gebetsimpuls:
Lieber Engel Haheuiah, beschütze mich vor allen Gefahren und führe mich zur Wahrheitsliebe.
Danke / Amen / So sei es!

Impuls des Engels:
„Güte und Dankbarkeit begleiten dich auf allen Wegen. Du wirst immer reich beschenkt."

Meine persönliche Erfahrung mit Haheuiah:

Erzengel Zadkiel

Die Gewalten

Sie helfen uns Vertrauen zu entwickeln.

Engel 25 - 32

Zadkiel: Der Gerechte Gottes, er ermöglicht es uns, unsere Kräfte, Mittel, Vorteile und Gelegenheiten auf die richtige Weise zu nutzen. Er verkörpert Gottes Güte und Barmherzigkeit, vermittelt die Göttliche Gnade, er hilft denen, die vom Weg abgekommen sind.

25. Nith-haiah - Essenz des Engels: Innere Ruhe u. Göttliche Weisheit
26. Haaiah - Essenz des Engels: Feingefühl und Diplomatie
27. Yerathel - Essenz des Engels: Vertrauen
28. Seheiah - Essenz des Engels: Voraussicht
29. Reiyel - Essenz des Engels: Befreiung
30. Omael - Essenz des Engels: Vermehrung
31. Lecabel - Essenz des Engels: Entscheidungsfähigkeit
32. Vasariah - Essenz des Engels: Gerechtigkeit und Güte

Gebet zu den Gewalten, Zadkiel:
Oh, ihr hohen Herrschaften, ich bitte euch, helft mir,
meine Laster zu besiegen und stärkt mein Vertrauen zu Gott.

25. Nith-Haiah

Gott, der die Weisheit gibt,

Engelschor Herrschaften, Element Feuer,
Engelsfürst Zadkiel.

Psalm 9, Vers 2
Ich danke dem Herrn von ganzem Herzen
und erzähle alle seine Wunder

Eigenschaften und Qualitäten:
Göttliche Weisheit und Liebe.
Hilft die Persönlichkeit zu entfalten.
Frieden, Ruhe, Stille und Meditation
Fördert das Studium der Metaphysik und der Kabbala.
Entdecken der verborgenen Geheimnisse der Schöpfung.
Spirituelles Charisma.

23.07. – 27.07.
Essenz des Engels: Innere Ruhe.

25. Nith-Haiah

Er hilft aus den gemachten Erfahrungen persönliche Stärke zu entwickeln. Nith-Haiah offenbart die Geheimnisse durch Träume. Er lässt die wahren Ziele erkennen und durchsetzen. Durch ihn findest du Weisheit und inneren Frieden. Mit seiner Hilfe kann man das richtige Haus oder Wohnung finden. Durch die Qualität Nith-Haiah kann man die Musik der höheren Sphären hören. Er schenkt Bilder, die die Seele erkennt, und zerstört alte, hemmende Bilder. Mit seiner Hilfe kann man Gedanken lesen.

Praktische Beispiele:

- **Beruf und Arbeit:** Du kannst Nith-Haiah anrufen, damit er dir hilft, deine Einstellung zu Arbeit und Geld zu verändern, um dich nicht mehr von außen verformen zu lassen. Er hilft dir den Glauben an dich zu stärken und deinen Wert zu erkennen.

- **Beziehungen Partnerschaft:** Er hilft dir in deinen Beziehungen achtsam zu sein und in einem neuem Licht zu betrachten. Er bringt die göttliche Weisheit und Liebe in all deine Beziehungen.

- Nith-Haiah hilft dir deine **Persönlichkeit zu entfalten**. Wenn du das Gefühl hast, dass du dein Potential nicht lebst, kann er dich unterstützen, um zu dir zu finden und deine Fähigkeit ins Leben zu bringen.

- Wenn du innerlich **unruhig und nervös** bist, hilft dir Engel Nith-Haiah zur Ruhe zu kommen und den inneren Frieden zu finden.

- Wenn du mit **deiner Vergangenheit nicht versöhnt bist**, hilft er dir, deine gemachten Erfahrungen in Stärken zu verwandeln, inneren Frieden zu finden und deine Persönlichkeit zu entfalten.

- Nith-Haiah schenkt dir über Stille und Meditation den Zugang zum **Studium der Kabbala und der Metaphysik.**

Meine persönliche Bitte / Anliegen:

Gebetsimpuls:
Engel Nith-Haiah, Gott, der die Weisheit gibt, hilf mir meine spirituellen Kräfte zu entwickeln, damit ich die Liebe und die Weisheit in mir finde.
Danke / Amen / So sei es!

Impuls des Engels:
„Deine gemachten Erfahrungen führen dich zum Lebensglück“

Meine persönliche Erfahrung mit Nith-Haiah:

26. Haaiah

Gott, der Harmonie schafft.

Engelschor Herrschaften, Element Feuer,
Engelsfürst Zadkiel.

Psalm119, Vers 145
Ich rufe von ganzem Herzen, erhöre mich,
Herr, dass ich Deine Rechte halte!

Eigenschaften und Qualitäten:
Göttliche Strukturen und Ordnung.
Hilft bei beruflicher Orientierung und Leistungsfähigkeit im Beruf,
die Fähigkeit sich jeder Situation anzupassen.
Organisationssinn,
Familiensinn, friedvolles Zusammenleben,
Wahrheitssuchend.

28.07. – 01.08.
Essenz des Engels: Feingefühl

26. Haaiah

Haaiah fördert alle Freundschaften und Beziehungen und schenkt ein friedvolles Miteinander. Er unterstützt dabei, alle Anliegen diplomatisch in der Öffentlichkeit vorzutragen. Er verhilft zu Recht und Ordnung. Haaiah schafft innere Ordnung. Mit seiner Hilfe erlangt man Erfolg in der Politik und als Diplomat. Er führt in einen sehr stark ausgeprägten Gerechtigkeitssinn. Man entwickelt ein Fingerspitzengefühl und Friedfertigkeit und Diplomatie. Er sorgt für Gerechtigkeit in allen Belangen. Er hilft durch alle Höhen und Tiefen bis zum Ziel. Er lässt die persönliche Aufgabe erkennen.

Praktische Beispiele:

- **Arbeit und Beruf:** Haaiah hilft dir deine Arbeitsstelle zu wechseln und hilft dir, damit du dich nicht unter deinem Wert verkaufst.

- Er hilft **bei der Zusammenarbeit und Teamarbeit**, dass jeder seine Persönlichkeit leben kann. Haaiah hilft in der Gruppe klare Entscheidungen zu treffen, diplomatisch zu handeln und zu motivieren und zu leiten.

- **Beziehungen und Partnerschaft**: Er hilft in deiner Beziehung alles zu verstehen und zu vertrauen, sodass du nicht nur mit dir selbst beschäftig bist, sondern auch den anderen an deinem Glück teilhaben lassen kannst.

- Engel Haaiah verhilft den **Familien zu einem friedlichen Zusammenleben.**

- Er hilft sich **jeder Situation anzupassen, ohne sich und seine eigene Persönlichkeit dabei aufzugeben**.

- **Spiritualität:** Er verhilft dir in einer Gottverbundenheit die göttliche Ordnung zu erkennen.

Meine persönliche Bitte / Anliegen:

Gebetsimpuls:
Engel Haaiah, Gott der Harmonie, schafft, hilf mir zu erkennen, welche Haltung ich einnehmen muss, um mein Leben wieder in die göttliche Ordnung zu bringen.
Danke / Amen / So sei es!

Impuls des Engels:
„Deine Arbeit ist segensreich und bringt dir Erfüllung."

Meine persönliche Erfahrung mit Haaiah:

27. Yerathel

Gott, der Vertrauen ist.

Engelschor Herrschaften, Element Feuer,
Engelsfürst Zadkiel.

Psalm 140, Vers 2
Errette mich, Herr, von den bösen Menschen,
behüte mich vor frevlerischen Leuten.

Eigenschaften und Qualitäten:
Verbreitung des Göttlichen Lichts und Vertrauens.
Optimismus und Lebensfreude.
Bringt Erfolg und löst Unklarheiten,
unterstützt Wissenschaft, Philosophie, Literatur,
führt uns zum Erfolg.
Unerschöpfliche Energiequelle.
Löst Verwirrungen auf, führt zum Erfolg.
Gestaltungwille, Himmlische Führung.

Schutzengel 2.8 – 6.8.
Essenz des Engels: Vervollkommnung

27. Yerathel

Engel Yerathel ist eine unerschöpfliche Energiequelle. Er löst Verwirrungen und Unklarheiten auf. Yerathel liebt und schafft Gerechtigkeit. Er bringt eine starke Entschlusskraft und schenkt eine lichtvolle Kommunikation. Mit Hilfe von Yerathel kann man sich eine optimistische und freudvolle Lebenseinstellung aneignen, die andere begeistern kann, und das Glück anzieht.

Praktische Beispiele:

- **Arbeit und Beruf:** Er hilft dir Nachlässigkeit und übertriebenen Optimismus bei der Arbeit zu vermeiden und verhilft dir zu einem dauerhaften Erfolg.

- **Beziehungen und Partnerschaft:** Er hilft dir Groll zu überwinden und die Harmonie wiederherzustellen.

- Er hilft dir, das zu akzeptieren, was ist, denn nur dort kann es verändert werden. Er hilft dir **Unwesentliches aufzugeben und dich auf das Wichtige** zu konzentrieren.

- Wenn du **Schwierigkeiten hast dich auszudrücken**, hilft dir Yerathel deine Kommunikationsfähigkeit lichtvoll zu entwickeln. Du wirst zur richtigen Zeit die richten Worte bereit haben, sodass du dich kraftvoll und liebevoll ausdrücken kannst.

- Hilfreich für **Schriftsteller und Redner** die passenden Worte zu finden und sich auszudrücken.

- Wenn du das Gefühl hast, dass du **immer das Schlechte anziehst** und du immer auf negative Resonanz in deiner Umwelt stößt, hilft dir Yerathel, dein Inneres so zu entwickeln, dass du jegliches Gute anziehst.

- Bei **Unzufriedenheit und innerer Unruhe** kannst du Yerathel bitten, dich in den inneren Frieden zu führen. Du wirst deine innere Quelle durch ihn finden.

- Engel Yerathel hilft dir deine Ausstrahlung durch innere Freude und Frieden zu entwickeln, sodass du das Glück magisch anziehst.

Meine persönliche Bitte / Anliegen:

Gebetsimpuls:
Wunderbarer Yerathel, lass mich das Leben leicht nehmen und schenke mir Zuversicht, damit ich mit meinen Ideen eine positive Ausstrahlung erreiche. Lass mich ein guter Vermittler der göttlichen Harmonie sein.

Impuls des Engels:
„Verwirkliche deine Visionen und nutze deine Chancen."

Meine persönliche Erfahrung mit Yeratel:

28. Seheiah

Gott des ewigen Lebens.

Engelschor Herrschaften, Element Feuer,
Engelsfürst Zadkiel.

Psalm 71, Vers 12
Gott, sei nicht ferne von mir:
Mein Gott, eile mir zu helfen.

Eigenschaften und Qualitäten:
Heilung und Gesundheit.
Hilft innere Kraft zu entwickeln.
Schutz durch die göttliche Vorsehung.
Schützt vor Unfällen.
Vorahnung, Weisheit durch Erfahrung.
Große innere Ruhe.

07.08. – 12.08.
Essenz des Engels: Ein glückliches langes Leben

28. Seheiah

Engel Seheiah ermöglicht es, sich dem göttlichen Willen zu unterstellen und dadurch die Lebensfülle zu erfahren. Mit seiner Hilfe können wir unglückliche Lebenssituationen verbannen, Entschlussfreudigkeit und Intuition schulen. Er hilft Gefahren rechtzeitig zu erkennen und Ereignisse vorauszusehen. Seheiah hilft Abhängigkeiten zu überwinden und Heiterkeit zu entwickeln. Er schenkt Gesundheit, Intuition, um Gefahren rechtzeitig zu erkennen und lässt den Reichtum geistiger Größe erkennen. Er ist der Schutzpatron der Ärzte.

Als Heilengel hilft er bei der Reinigung und Entgiftung, dem Überwinden von Abhängigkeiten, sowie bei Hüftleiden, Ischias, Rückenmarkserkrankungen und Lähmungen.

Praktische Beispiele:

- **Beruf und Arbeit:** Er hilft dir, dass du gute Leistung und Qualität in deine Arbeit bringst und zu deinen Leistungen stehst.

- **Beziehungen und Partnerschaft:** Er hilft dir die Freude an deiner Beziehung zu bewahren und Wünsche immer rechtzeitig zu äußern.

- Bei **Süchten und Abhängigkeiten** hilft dir Seheiah die richtige Unterstützung zur Befreiung zu bekommen und schenkt dir die innere Kraft diese zu überwinden.

- Wenn du **unglücklich bist**, kannst du Seheiah bitten, innere Freude zu entwickeln und die schwierigen Situationen zu verbannen.

- **Wenn du deine Intuition entwickeln möchtest**, leitet dich Seheiah an und schenkt dir die Gabe der Vorahnung.

- Seheiah führt dich bei **Hüftleiden, Ischias, Rückenmarkserkrankungen und Lähmungen** durch seine Führung in die Heilung. Dies kann möglich sein, durch das Finden des richtigen Arztes oder einer heilenden Therapieform.

- Seheiah **reinigt und entgiftet** mit seiner Qualität. Er unterstützt Fastenkuren, Reinigungskuren und den Entzug von Süchten.

Meine persönliche Bitte / Anliegen:

Gebetsimpuls:
Strahlender Seheiah, lass mich Gefahren rechtzeitig erkennen, damit ich damit umgehen kann. Wache über meine Gesundheit und mein Wohlergehen, schenke mir ein langes, glückliches Leben.
Engel Seheiah: Quelle unendlicher Liebe, befreie mich von meinen Fehlern der Vergangenheit. Mach mich frei, damit ich den Weg des Herzens gehen kann.
Danke / Amen / So sei es!

Impuls des Engels:
„Durch deine bedingungslose Liebe erfährst du Heilung auf allen Ebenen."

Meine persönliche Erfahrung mit Seheiah:

29. Reiyel

Gott der Befreier.

Engelschor Herrschaften, Element Feuer,
Engelsfürst Zadkiel.

Psalm 54,Vers 6
Siehe, Gott steht mir bei,
der Herr erhellt meine Seele

Eigenschaften und Qualitäten:
Vertrauen, Verbreitung der Göttlichen Wahrheit.
Willenskraft und Optimismus.
Befreiung.
Verbesserung durch Meditation und Selbsterkenntnis.
Hilft Konzepte zu entwickeln und auszuarbeiten,
stellt die Verbindung zu dem geistigen Führer her.
Allumfassende Sichtweise.
Innere Freiheit.

13.08. – 17.08.
Essenz des Engels: Befreiung.

29. Reiyel

Reiyel begünstigt den beruflichen Erfolg. Er befreit von inneren Zwängen. Er schenkt Glück und Erfolg in der spirituellen Entwicklung. Er hilft bei der Wahrheitssuche und befreit von materiellen Bindungen und von Verwünschungen. Durch seinen Einfluss kann man Willensstärke entwickeln und durch die Kraft der inneren Freude jede Schwierigkeit meistern. Er unterstützt Humor und Spontanität.

Praktische Beispiele:

- **Beruf und Arbeit.** Er hilft dir unsichere Zeiten zu überstehen und stärkt deinen Willen, damit du deine Vorhaben umsetzen kannst.
- **Beziehungen und Partnerschaft:** Er zeigt dir, wie du durch Selbsterkenntnis Schwierigkeiten in deinen Beziehungen überwindest und wieder Freude und Licht in deine Partnerschaft integrieren kannst.
- Wenn dir **Wille und Kraft fehlen**, kannst du Reiyel anrufen, um durch innere Freude **alle Schwierigkeiten zu überwinden.**
- **Bei inneren Zwängen** hilft dir Reiyel diese zu überwinden
- Wenn dir **Humor und Spontanität fehlen,** um das Leben freudvoll zu meistern, hilft dir Reiyel diese zu entwickeln.
- Reiyel hilft dir, dich von **allen materiellen Bindungen zu (er-)lösen** und **befreit dich von allen Verwünschungen**, die du dir selbst oder anderen zugesprochen und auferlegt hast.
- Reiyel verbindet dich mit deinem Schutzengel, geistigen Führer.
- Er hilft dir deine **eigene Identität zu finden.**

Meine persönliche Bitte / Anliegen:

Gebetsimpuls:
Ehrwürdiger Reiyel, mächtiges Lichtwesen, befreie mich von allen Zwängen, die mich bedrücken und einengen. Mach mich frei, damit ich den Weg der Wahrheit erkenne. Lass mein Handeln dazu beitragen, dass ich das Licht des göttlichen Geistes in der Welt verbreite.
Danke / Amen / So sei es!

Impuls des Engels:
„Auf deinem Weg zum Ziel bekommst du eine allumfassende Sicht.“

Meine persönliche Erfahrung mit Reiyel:

30. Omael

Gott, Der Vermehrende.

Engelschor Herrschaften, Element Feuer,
Engelsfürst Raziel.

Psalm 71, Vers 5
Denn Du bist meine Zuversicht,
Herr, Du meine Hoffnung.

Eigenschaften und Qualitäten:
Multiplikation, Vermehrung.
Verantwortungsbewusstsein und Geduld.
Begünstig das Studium der Medizin,
hilft bei der Heilung,
Planung, Verwirklichung, Entwicklung, Materialisierung,
Fruchtbarkeit, Geburt und Schwangerschaft.
Schutzpatron der Pflanzen und Tiere.

Schutzengel. 18.8. – 22.8.
Essenz des Engels: Vermehrung.

30. Omael

Omael fördert Humor, Heiterkeit und eine positive Grundeinstellung. Er steht für Vermehrung, Fruchtbarkeit, Freude, Optimismus und hilft Traurigkeit zu überwinden. Er gibt Selbstvertrauen, hilft Ziele zu erreichen und stärkt den fruchtbringenden Willen, der den egoistischen Eigenwillen überwindet. Er schenkt Zuwachs und Aufbau. Mit seiner Hilfe findet man die Aufgabe, die zur Erfüllung führt. Er hilft die Lebensfülle zu vermehren. Er gilt als lebendes Antidepressivum.
Als Heilengel hilft er bei Tuberkulose, Grippe und bei Problemen mit der Leber und bei Schleimhautentzündungen. Bei Unfällen und Depressionen.

Praktische Beispiele:

- **Arbeit und Beruf:** Er hilft dich im Beruf voranzubringen und neue Aufgaben erfolgreich zu übernehmen.

- **Beziehungen und Partnerschaft:** Er hilft dir alte Muster in der Beziehung abzulegen und zu verwandeln.

- Den **Medizinern, Medizinstudenten,** hilft er zum Erfolg für sich und seine Patienten. Auch **Chemikern und Chemiestudenten** steht er zur Seite.

- Engel Omael hilft dir bei all **deinen Plänen zum Erfolg**.

- Er hilft Ideen, gute Gefühle, Materielles, a**lles Gute und Gewollte zu multiplizieren und zu vermehren.**

- **Bei Tuberkulose, bei Problemen mit der Leber und Depressionen** führt dich Omael, das Richtige zu tun, um Heilung zu erfahren.

- **Bei Grippe, Schleimhautentzündungen und Unfällen** sorgt er für schnelle Genesung.

- Engel Omael hilft allen, die ein Kind erwarten, während der **Schwangerschaft und** bei der **Geburt**

- Wenn du **deine Lebensaufgabe suchst,** die dich zur Erfüllung bringt, wird dich Omael führen, und dadurch wirst du die Lebensfülle erfahren.

- Er steht für **große Fruchtbarkeit** und lässt jede Saat (Ideen, Schwangerschaft, Pflanzen, etc.) gut gedeihen

Meine persönliche Bitte / Anliegen:

Gebetsimpuls:
Wundervoller Omael, hilf mir, dass meine Werke andere inspirieren, und dass die Fruchtbarkeit meines Geistes wächst.
Danke / Amen / So sei es!

Impuls des Engels:
„In einer Gruppe von Gleichgesinnten findest du Freude und Erkenntnisse."

Meine persönliche Erfahrung mit Omael:

31. Lecabel

Gott, der Eingebung verleiht.

Engelschor Herrschaften, Element Erde,
Engelsfürst Zadkiel.

Psalm 71, Vers 16
Ich gehe ein in die Kraft des Herrn,
ich preise Deine mächtigen Werke, oh Herr!

Eigenschaften und Qualitäten:
Intellekt und klarer Verstand.
Hilft neue Ideen und praktische Lösungen zu finden.
Gute Unternehmungsführung.
Begünstigt beruflichen Erfolg, Zukunftsplaner.
Genauigkeit und Präzisionsliebe, Großzügigkeit,
Beharrlichkeit und Klarheit.
Offenbarung der kosmischen Gesetze, Mathematik,
Geographie und Astronomie.

23.8. – 28.8.
Essenz des Engels: Entscheidungsfähigkeit.

31. Lecabel

Lecabel hilft Inspirationen gut umzusetzen, er hilft schwierige Situationen zu lösen und sich spirituell zu entwickeln. Er fördert Hellsichtigkeit, Hilfsbereitschaft, Klarheit und das Redetalent. Mit seiner Hilfe kann Trauer überwunden werden. Lecabel hilft den Blick zu verändern und die Welt in einer neue Weise zu erkennen.

Praktische Beispiele:

- **Arbeit und Beruf:** Er hilft dir deine Arbeit zu sichern und dein Einkommen zu erhöhen.

- **Selbstständigen und Unternehmern** hilft er bei einer erfolgreichen Zukunftsplanung, indem man klare Entscheidungen treffen und sich für neue Ideen öffnen kann.

- **Partnerschaft und Beziehungen:** Er schickt dir neue Impulse für die Liebe mit mehr Sinnlichkeit und Liebe.

- Lecabel hilft dir **Trauer** zu überwinden, beim Tod eines geliebten Menschen oder bei einem Schicksalsschlag.

- Wenn du in einer **gedanklichen, privaten oder beruflichen Sackgasse** bist, hilft dir Lecabel den Blick zu verändern und neue Wege zu entdecken.

- Lecabel ist ein Förderer der kosmischen Gesetzmäßigkeiten und der **Mathematiker, Geographen und Astronomen**. Er schenkt dir den geistigen Zugang, Erkenntnisse und Verständnis für diese Ordnung.

Meine persönliche Bitte / Anliegen:

Gebetsimpuls:
Strahlender Engel Lecabel, gewähre mir deine Unterstützung bei der Einweihung in die Gesetze der Natur, damit ich in Einklang mit ihnen leben kann. Danke / Amen / So sei es!

Impuls des Engels:
„Mit Hilfe der Inspiration kannst du Konzepte entwickeln, die dich zum Ziel führen."

Meine persönliche Erfahrung mit Lecabel:

32. Vasariah

Der Milde.

Engelschor Herrschaften, Element Erde,
Engelfürst Radkiel.

Psalm 33 Vers4
Denn des Herrn Wort ist wahrhaftig,
und was er zusagt, das hält er gewiss!

Eigenschaften und Qualitäten:
Großherzigkeit und Güte.
Verhilft zu einem guten Gedächtnis.
Gerechtigkeitssinn und befreit von Schuldgefühlen.
Richter, Rechtsanwalt.
Kann den Sinn der Lebensprüfungen verstehen.
Sensibilität, Intuition und Visionsgabe.
Freundlich, wohlwollend und großzügig,
feinfühlig, Bereitschaft zur Versöhnung, Barmherzigkeit.

29.8. – 2.9.
Essenz des Engels: Gerechtigkeit und Gnade.

32. Vasariah

Vasariah hilft einen klaren Kopf zu bewahren und Situationen und Menschen objektiv zu betrachten. Er verhilft zu Struktur und Gewissenhaftigkeit. Er steht für Gerechtigkeit, Geradlinigkeit, Genauigkeit und fördert ein gutes Gedächtnis. Mit seiner Hilfe kann Herzensgüte entwickelt und die Verbindung zu den geistigen Führern hergestellt werden. Er befreit von Schuldgefühlen. Er hilft Lebensprüfungen zu verstehen.

Praktische Beispiele:

- **Arbeit und Beruf:** Er hilft dir langfristig und erfolgreich zu planen.

- **Beziehungen und Partnerschaft:** Er verhilft dir zu einer verlässlichen und ehrlichen Partnerschaft.

- Wenn dich **Schuldgefühle** plagen und du dich davon nicht lösen kannst, wird dir Vasariah dabei helfen.

- Wenn dir die **Herausforderungen und Schwierigkeiten** in deinem Leben sinnlos erscheinen, hilft dir Vasariah zu verstehen und zu erkennen, für was dir diese Prüfung dienen soll.

- Bei **schlechter Konzentration oder Merkfähigkei**t, sowie Verlust dieser, stärkt Vasariah das Gedächtnis.

- Vasariah steht allen **Richtern und Rechtsanwälten** kraftvoll zur Seite, sodass sie die richtigen Entscheidungen treffen und die Wahrheit erkennen können.

- Mit Hilfe von Vasariah kannst du leichter den **Kontakt zu deinen geistigen Führern** herstellen. Bitte dazu Vasariah, dich zu unterstützen und zu führen.

- Wenn dir **Ungerechtigkeit widerfährt**, kannst du Vasariah bitten, dass die Wahrheit ans Licht kommt und gerecht entschieden wird.

- Er hilft dir **Herzensgüte, Geradlinigkeit, Genauigkeit und Gerechtigkeit** zu entwickeln.

- Die Spannung in **schwierigen Situationen** kann sich mit seiner Hilfe leicht lösen.

Meine persönliche Bitte / Anliegen:

Gebetsimpuls:

Himmlischer Vasariah, gewähre mir deinen Beistand und helfe mir, dass ich mich für das Gute einsetze und den Willen Gottes befolge.

Impuls des Engels:

„Die Versöhnung mit allen Menschen macht dich innerlich frei und unabhängig."

Meine persönliche Erfahrung mit Vasariah:

Erzengel Kamael
Die Kräfte

Die Kräfte stärken uns, damit wir unsere Prüfungen bestehen.

Engel 33 - 40

Kamael: Die Flamme Gottes: Verluste zu überwinden,
Disziplin zu wahren und die nötigen Opfer zu bringen.
Hüter der Schwelle. Hüter des Weges,
Hüter der zwischenmenschlichen Beziehungen und der Partnerschaft.

33. Yehuiah - Essenz des Engels: Unterordnung
34. Lehahiah - Essenz des Engels: Gehorsam
35. Chavakhiah - Essenz des Engels: Versöhnung
36. Menadel - Essenz des Engels: Arbeit
37. Aniel - Essenz des Engels: Zerbricht die Ketten
38. Haamiah - Essenz des Engels: Rituale
39. Rehael - Essenz des Engels: familiäre Liebe
40. Yeiazel - Essenz des Engels: Trost und Freude

Gebet zu den Kräften, Kamael:
Oh, ihr wunderbaren Kräfte,
ich bitte euch, stärkt mich, damit ich alle meine Prüfungen bestehe
und die Fülle meiner Tugenden entwickeln kann

33. Yehuiah

Gott, der Einweihende.

Engelschor Kräfte, Element Erde,
Engelsfürst Kamael.

Psalm 94, Vers 11
Aber der Herr kennt die Gedanken der Menschen,
sie sind nichts als ein Hauch.

Eigenschaften und Qualitäten:
Fähigkeit hohe Spannungen zu ertragen
Loslassen, Engagement.
Hilft bei der Suche nach einer Beruflichen Aufgabe.
Erkennt die kosmische Ordnung.
Verträge.
Hilft die eigene Identität zu entdecken.
Selbstbeherrschung, Treue, Pflichtbewusstsein, Aufrichtigkeit,
Hohe Einweihung.
Hilft Prüfungen zu bestehen und Probleme zu lösen.

3.9.-7.9.
Essenz des Engels: Unterordnung, dem Göttlichen gegenüber.

33. Yehuiah

Engel Yehuiah hilft loszulassen und Prüfungen zu bestehen. Er hilft Probleme zu lösen, Freundschaften zu knüpfen, eigene Schwächen zu besiegen und lernt uns taktvoll miteinander umzugehen. Er hilft neue Wege zu wagen. Yehuiah zeigt die Weite des Himmels in der eigenen Seele.

Praktische Beispiele:

- **Partnerschaft und Beziehungen**: Yehuiah verhilft zu einer verlässlichen Partnerschaft, zu einer ehrlichen Liebe.

- Yehuiah fördert die **Treue**, die Selbst-Treue, und er gewährt die Treue des Partners.

- **Beruf:** Yehuiah hilft dir bei der Suche nach einer beruflichen Aufgabe. Inbesondere spirituell-geistige Berufe findet und unterstützt er

- **Bei hohen Spannungen** in deinem Leben kannst du Yehuiah bitten, dir beizustehen. Er hilft dir die Spannungen zu ertragen und sie zu verändern.

- Wenn du **an etwas festhältst,** wie alte Strukturen oder Bilder, die du dir von dir gemacht hast, an deiner Vergangenheit, einem Partner, deinen Kindern, usw., kann dir Yehuiah helfen loszulassen und deine eigene Identität und deinen persönlichen Weg zu entdecken.

- Beim **Abschluss von Verträgen** führt dich Yehuiah, damit alles mit rechten Dingen zugeht und der geschlossene Vertrag segensreich für alle Beteiligten sein wird.

- Verbindest du dich mit der Kraft von Yehuiah. Wirst du deine wahre **Identität entdecken** und eine hohe Einweihung erfahren. Er lehrt dabei **Pflichtbewusstsein, Selbstbeherrschung und Aufrichtigkeit** und macht dich damit zu einer wichtigen Säule in der Gesellschaft.

Meine persönliche Bitte / Anliegen:

Gebetsimpuls:
Engel Yehuiah, göttliches Licht, erhelle meine Schattenseiten, hilf mir meine schlechten Angewohnheiten zu zügeln, und lerne mir die Selbstbeherrschung. Engel Yehuiah, ich bitte dich, zeige mir, mehr auf die Führung zu hören, und schenke mir kreative Ideen für meinen Beruf.

Impuls des Engels:
„Mit Hilfe des göttlichen Lichtes kannst du deine Identität erkennen und leben."

Meine persönliche Erfahrung mit Yehuiah:

34. Lehaiah

Gott, der Gehorsamkeit.

Engelschor Kräfte, Element Erde.
Engelsfürst Kamael.

Psalm 130, Vers 5
Ich harre des Herrn, meine Seele harrt,
und ich hoffe auf sein Wort!

Eigenschaften und Qualitäten:
Gehorsam und Treue.
Innere Harmonie und Klarheit.
Begünstigt beruflichen Erfolg,
unterstützt die Durchführung von Plänen.
Innerer Frieden.
Akzeptiert sein Schicksal und versteht die göttliche Gerechtigkeit.
Unbestechlichkeit, Verantwortungsbewusstsein.

8.9. – 12.9.
Essenz des Engels: Gehorsam.

34. Lehaiah

Engel Lehaiah schenkt Verantwortungsbewusst, Disziplin und Ordnungssinn. Mit seiner Qualität wird man verständnisvoll, hilfsbereit und kann Zorn überwinden. Er schenkt Erfolg durch Disziplin. Lehaiah unterstützt die Zusammenarbeit und lässt innere Harmonie und Klarheit finden.

Praktische Beispiele:

- **Partnerschaft:** Er hilft dir, dich aus alten Klammerungen zu befreien, und führt dich in deine Klarheit.

- **Beruf:** Lehaiah stellt dich in den Dienst der höheren Ordnung als Minister, Regierungschef, Präsident, Direktor und steht diesem Amt als Pate zur Verfügung, um ihn zu führen.

- **Bei großen Herausforderungen** hilft dir Lehaiah dein Schicksal anzunehmen und die höhere kosmische Ordnung dahinter zu erkennen.

- Lehaiah hilft dir Angefangenes zu Ende zu bringen, Dinge durchzuhalten und die Qualität der **Disziplin** in dir zu verankern. Wenn du dazu neigst, zu schnell aufzugeben oder nichts zu Ende zu bringen, hilft dir die Qualität von Lehaiah.

- Bei **innerer Unruhe** hilft dir Lehaiah innere Ruhe und Frieden zu finden.

- Lehaiah hilft dir, **Hilfsbereitschaft und Verantwortungsbewusstsein** entwickeln.

Meine persönliche Bitte / Anliegen:

Gebetsimpuls:
Wundervoller Lehaiah, helfe mir, meine Fehler zu überwinden und Stärke und Disziplin zu entwickeln.
Engel Lehaiah. Ich bitte dich, lass mich mit Disziplin klare Strukturen schaffen, die mich zum Erfolg führen.
Danke / Amen / So sei es!

Impuls des Engels:
„Das göttliche Licht fließt durch dich. Du kannst deine Ängste überwinden und deine Gefühle zulassen."

Meine persönliche Erfahrung mit Lehaiah:

35. Chavakhiah

Gott der Versöhnende.

Engelschor Kräfte, Element Erde.
Engelsfürst Kamael.

Psalm 116, Vers 1
Das ist mir lieb, dass der Herr meine Stimme
und mein Flehen hört!

Eigenschaften und Qualitäten:
Versöhnung und Wertschätzung.
Unterstützt das Familienleben,
begünstigt beruflichen Erfolg,
hilft zu vermitteln und schlichten.
Frieden und Harmonie.
Entwickelt Willenskraft und Optimismus.

13.9.-17.9.
Essenz des Engels: Versöhnung

35. Chavakhiah

Er unterstützt die Arbeit an sich selbst und verhilft zu Mut und Ehrlichkeit. Chavakhiah bringt die Menschen einander näher und erneuert die Bindungen. Er sorgt für ein harmonisches Familienleben. Mit der Kraft von Chavakhiah kann vermittelt werden, Streit geschlichtet und Frieden geschaffen werden.

Praktische Beispiele:

- **Partnerschaft und Beziehungen**: Chavakhiah versöhnt gescheiterte Beziehungen und Konflikte. Er sorgt für ein harmonisches Familienleben. Er bringt die Partner wieder einander näher und erneuert Bindungen.

- **Beruf:** Er führt dich im Beruf durch eine gute Intuition und in die Eigenständigkeit.

- Er verhilft zu einem **gerechten Verlauf bei Erbschaften** und Aufteilung von Besitztümern.

- Pate für **Human- und Sozialwissenschaftler.**

- **Versöhnung:** Chavakhiah hilft dir, dich mit Menschen zu versöhnen, mit denen du in Unfrieden lebst. Insbesondere hilft er, sich mit dir selbst auszusöhnen.

- Bei Konflikten mit Nachbarn und Gruppen verschafft Chavakhiah Versöhnung und Frieden.

- Chavakhiah hilft dir die Vergangenheit und die Gegenwart miteinander in Einklang zu bringen, den nächsten Lebensabschnitt zu erkennen und die Weisheit des Lebens zu erkennen.

Meine persönliche Bitte / Anliegen:

Gebetsimpuls:
Engel Chavakhiah, ich bitte dich, bring mir inneren Frieden und Ruhe, gib mir die Kraft und den Mut, meine Schwächen zu überwinden.
Danke / Amen / So sei es!

Impuls des Engels:
„Im göttlichen Geist gibt es viele Möglichkeiten deine Schwächen zu überwinden und deinen Mut zu stärken."

Meine persönliche Erfahrung mit Chavakhiah:

36. Menadel

Gott der Arbeit.

Engelschor Kräfte, Element Erde.
Engelsfürst Kamael.

Psalm 25, Vers 8
Der Herr ist gut und fromm,
darum unterweist er die Irrenden auf dem Weg!

Eigenschaften und Qualitäten:
Hilfsbereitschaft und Arbeitswille.
Hilft eine Arbeit zu finden.
Glück im Beruf.
Unterstützt in schwierigen Situationen.
Überlebenskünstler.

18.9.-23.9.
Essenz des Engels: Arbeit.

36. Menadel

Menadel befreit von Komplexen und hilft sich frei zu entfalten, damit man so sein kann wie man es möchte. Er hilft beruflich Fuß zu fassen und das Glück im Beruf zu finden, er unterstützt die innere Arbeit. Menadel steht allen bei, die in der Familie oder in der Arbeit unterdrückt werden. Er verhilft zu Mut und Kraft für mehr Menschlichkeit und Gerechtigkeit. Er hilft innere Blockaden der Faulheit zu überwinden und eine Leidenschaft für die Arbeit zu entwickeln.

Praktische Beispiele:

- **Beruf**: Mit Hilfe von Menadel kannst du einen Job und Glück im Beruf finden. Wenn du auf Arbeitssuche bist, oder du Unmut in deiner Arbeit empfindest, kann dir Menadel helfen. Mit seiner Hilfe kannst du deine Berufung erkennen.

- Menadel lässt dich den **tieferen Sinn der verschiedenen Arbeits**- und Tätigkeitsbereiche im Beruf erkennen und hilft dir **die richtige Berufswahl zu treffen.**

- Menadel hilft dir **mit deiner Arbeit dich in fremden Ländern zurechtzufinden**.

- **Wiederinanspruchnahme des eigenen Potentials:** Mit seiner Hilfe kannst du dein inneres Potential zur Entfaltung bringen, das dir innere Freude und Freiheit bringt und dir deine wahre Berufung offenbart.

- Er zeigt dir, wie du dich **deinen Problemen mit Leichtigkeit stellen kannst** und dich ganz auf dein Können verlassen kannst: Lebenskunst, Leichtigkeit, Lebensfreude.

- Hilft die für **den Lebensunterhalt nötigen Mittel zu erwerben.**

Meine persönliche Bitte / Anliegen:

Gebetsimpuls:
Engel Menadel, ich bitte dich, unterstütze mich bei meiner inneren Arbeit, befreie mich aus meinem inneren Gefängnis.
Himmlischer Menadel, steh mir bei und helfe mir, sodass ich mich frei entfalten kann.
Danke / Amen / So sei es!

Impuls des Engels:
„Das Leben bietet dir viele Möglichkeiten. Altes geht, Neues entsteht."

Meine persönliche Erfahrung mit Menadel:

37. Aniel

Gott der Veränderungen.

Engelschor Kräfte, Element Erde.
Engelsfürst Kamael.

Psalm 80, Vers 8
Gott tröstet uns, lass leuchten Dein Angesicht,
und wir werden errettet.

Eigenschaften und Qualitäten:
Selbstvertrauen und Willen.
Hilft neue Ideen und Denkweisen zu entwickeln,
unterstützt das Auflösen von emotionalen Kreisläufen,
hilft alte Strukturen zu durchbrechen.
Entwicklung der Willenskraft und Freiheit.

24.9.-28.9.

Essenz des Engels: Ketten sprengen.

37. Aniel

Fördert die Gruppenarbeit, Menschenkenntnis und Beobachtungsgabe. Er schenkt dynamische Lebenskraft, Entschlossenheit und Willensstärke. Er fördert künstlerische Fähigkeiten und hilft schlechte Gewohnheiten zu verändern.

Praktische Beispiele:

- Er hilft dir **festgefahrene Gewohnheiten** zu durchbrechen und erweckt in dir den Wunsch nach Erneuerung, damit du dich mit Leichtigkeit von Altem trennen kannst.

- **Neue Ideen:** Er hilft dir große Pläne zu schmieden, die du dann Schritt für Schritt erreichen kannst, sei es beruflich oder spirituell.

- **Festgefahrenes und Beengendes in deinem Alltag, Beruf und deinen Beziehungen** kann Aniel lösen.

- Aniel fördert und einigt **die Teamarbeit** und das Miteinander im Beruf, der Freizeit, Vereinen, in der Familie.

Meine persönliche Bitte / Anliegen:

Gebetsimpuls:

Aniel, Licht vom Lichte, erleuchte mich und hilf mir, alte Pfade zu verlassen, damit ich den Weg zu Gott finde.
Danke / Amen / So sei es!

Impuls des Engels:

„Du kannst jetzt deine Kreativität mit ganzem Herzen entwickeln."

Meine persönliche Erfahrung mit Aniel:

38. Haamiah

Das Gott-Geweihte.

Engelschor Kräfte, Element Erde.
Engelsfürst Kamael.

Psalm 91, Vers 9
Denn der Herr ist deine Zuflucht,
der Höchste ist deine Zuversicht!

Eigenschaften und Qualitäten:
Verständnis und Harmonie.
Hilft Emotionen zu beherrschen,
hilft den Seelenpartner zu finden.
Empfindung für Harmonie, Schönheit und Kunst.
Rituale.
Lebenskunst.
Verhilft zur Verwirklichung der Herzenswünsche,
unterstützt die Beherrschung der Emotionen.

Schutzengel: 29.9. - 3.10.
Essenz des Engels: Rituale.

38. Haamiah

Er hilft Wahrheitssuchenden spirituell und materiell erfolgreich zu sein, Seelenpartner zu finden und die große Liebe zu erfahren. Er löst negative Eigenschaften wie Hass und Neid auf. Erfüllt vom göttlichen Geist verfügt er über große Heilfähigkeit. Er führt in die persönliche Unabhängigkeit.

Praktische Beispiele:

- **Partnerschaft:** Wenn du deinen Seelenpartner finden möchtest, hilft dir Haamiah diesen zu erkennen und in dein Leben zu ziehen. Es ist auch möglich, die Seelenverwandtschaft in einer bestehenden Partnerschaft oder einem Bekannten zu entdecken und außergewöhnliche Liebesgeschichten zu kreieren.

- Wenn dich **negative Eigenschaften** quälen wie Neid, Hass, Eifersucht usw. kannst du diese mit Hilfe von Haamiah auflösen.

- **Auflösung innerer und äußerer Gewalttätigkeit.**

- **Unabhängigkeit:** Haamiah gibt dir innere Erkenntnis, damit du dich von deinem Schatten lösen kannst, deine Schritte nach vorne wagst und Altes hinter dir lässt.

- Haamiah hilft dir, deine **Herzenswünsche zu erfüllen**. Teile ihm deine Wünsche mit und lasse dich führen.

- Wenn du **unbeherrscht** bist und **deine Emotionen sich nicht führen lassen**, wird dir Haamiah helfen.

- Haamiah unterstützt die **Rituale und schenkt ihnen besondere Wirkkraft.** Er zeigt wie man Rituale in den Alltag integriert.

Meine persönliche Bitte / Anliegen:

Gebetsimpuls:
Leuchtender Haamiah, leuchte mir auf dem Weg der Wahrheit und führe mich zur Erkenntnis.

Impuls des Engels:
„Deine Lebensfreude macht dich frei und unabhängig."

Meine persönliche Erfahrung mit Haamiah:

39. Rehael

Das Gott-Empfängliche.

Engelschor Kräfte, Element Luft.
Engelsfürst Kamael.

Psalm 30, Vers 11
Herr, höre, und sei mir gnädig,
Herr, sei mein Helfer!

Eigenschaften und Qualitäten:
Gerechtigkeit und Autorität.
Hilft bei der Heilung von Krankheiten,
unterstützt das Familienleben,
verwandelt alles ins Positive,
lehrt anzunehmen,
gibt Unterscheidungskraft.
Ein Leben in Schönheit und Fülle.

4.10.- 8.10.
Essenz des Engels: familiäre Liebe.

39. Rehael

Der Engel, der vergibt und alles ins Positive verwandelt. Er hilft Verantwortung zu übernehmen und klare Entscheidungen zu treffen. Er sorgt für Harmonie in der Familie. Er fördert fortschrittliches Denken, eine gute Auffassungsgabe und schenkt hohe Aktivität.

Als Heilengel hilft er bei Geisteskrankheiten, Depressionen und bei Angstzuständen, Krankheiten, die die Geschlechtsorgane, Blase, Gallenblase, Dickdarm, Lendenwirbel (und Umgebung) und Prostata betreffen, sowie bei Vergiftungen, Hämorrhoiden, Leistenbruch, Fisteln und Muskelzerrungen.

Praktische Beispiele:

- **Beziehungen:** Rehael hilft dir, die Menschen so anzunehmen wie sie sind.

- **Im Beruf** hilft er dir deine Position zu stärken und zu erhalten. Er hilft dir im Geschäftsleben neue Märkte zu erschließen und neue Filialen zu eröffnen.

- Rehael wandelt alles **Negative ins Positive**.

- Er hilft dir dein Schicksal und **deine Herausforderungen anzunehmen,** die Zusammenhänge zu erkennen und in Freude und Leichtigkeit zu verwandeln.

Meine persönliche Bitte / Anliegen:

Gebetsimpuls:
Großartiger Rehael, Wächter über Familie und Glück, beschütze mich und meine Familie.
Engel Rehael, Gott der Empfänglichen, ich bitte dich, befreie mich von meinen Hindernissen. Schenke mir inneres Gleichgewicht, durchströme mich mit deiner Barmherzigkeit und erfülle mein Herz mit Liebe, damit ich deine göttlichen Impulse empfangen kann.
Danke / Amen / So sei es!

Impuls des Engels:
„Nimm alles an und erwarte das Positive. Bejahe dich selbst, und alles wird sich zum Guten wenden."

Meine persönliche Erfahrung mit Rehael:

40. Ieiazel

Gott, der Tröstende.

Engelschor Kräfte, Element Luft.
Engelsfürst Kamael.

Psalm 88, Vers 15
Warum verstößt Du, Herr, meine Seele
und verbirgst Dein Antlitz vor mir?

Eigenschaften und Qualitäten:
Freude und Fröhlichkeit.
Hilft Süchte zu überwinden, befreit von Abhängigkeiten,
gibt neue Kraft,
unterstützt bei Trauer und Misserfolg,
gibt Mut und Klarheit,
hilft Schriftstellen, im Verlagswesen und Druck.
Berühmtheit, Künstler und Musiker.

9.10.- 13.10.
Essenz des Engels: Trost und Freude.

40. Ieiazel

Der Engel der die Freude bringt und von Geldsorgen befreit. Er löst von Stress, Angst, Unterdrückung und seelischer Disharmonie. Ieiazel klärt das Gefühlsleben und befreit aus zwanghaften, negativen Zuständen. Er schenkt Trost und Zuversicht, Fröhlichkeit, ein optimistisches Wesen, Ehrlichkeit und Dankbarkeit. Dadurch kann Traurigkeit überwunden werden, und man kann sich seinen Gefühlen bewusst werden. Er hilft Künstlern und Rednern und bei jeder Art von Kommunikation.

Praktische Beispiele:

- **Beruf:** Er hilft dir deine Möglichkeiten und deine Position zu verbessern. Ieiazel hilft dir, zur Berühmtheit zu werden.

- **Misserfolg** kann durch seine Kraft überwunden werden.

- In der **Partnerschaft** hilft dir Ieiazel Verletzungen zu überwinden und die Liebe auf ein neues Fundament zu stellen.

- **Mobbing:** Er hilft dir, dich aus Unterdrückung und seelischer Disharmonie zu lösen.

- Ieiazel befreit von **Angst und Stress** und hilft Zuversicht zu entwickeln.

- **Geldsorgen und Existenzängste:** Ieiazel hilft dir das Richtige zu tun, um deine Geldsorgen zu lösen.

- Er ist der Pate der **Schriftsteller, Künstler, Musiker, im Verlagswesen und Druck.** Er hilft jenen erfolgreich zu sein und berühmt zu werden.

- Ieiazel **befreit von Abhängigkeiten, hilft Süchte zu überwinden** und schenkt neue Kraft.

Meine persönliche Bitte / Anliegen:

Gebetsimpuls: Engel Ieiazel, der Trost spendet, ich bitte dich, gib meinem Körper neue Kraft und Energie und befreie mich von allen Abhängigkeiten.

Impuls des Engels:
„Gott und die Engel sind für dich da. Folge deiner Bestimmung und deine Existenzängste lösen sich.“

Meine persönliche Erfahrung mit Ieiazel:

Erzengel Michael
Die Gewalten

Sie helfen uns unseren freien Willen zu entdecken.

Engel 41 - 48

Michael: Der Gott ähnliche,
er lenkt uns zu unserem wahren Ziel.
Er hilft uns bei der Überwindung unser niederes Selbst
und führt uns zu Selbstbefreiung.
Einer, der wie Gott ist, Kosmisches Christus Licht der Welt.
Kämpfer des Lichtes in der Geistigen Welt
und in der ganzen Schöpfung.

41. Hahahel - Essenz des Engels: Spiritualität
42. Mikael - Essenz des Engels: Organisation
43. Veuliah - Essenz des Engels: Wohlstand
44. Yelahiah - Essenz des Engels: Himmlischer Beschützer
45. Sealiah - Essenz des Engels: Motivation
46. Ariel - Essenz des Engels: Offenbarung
47. Asaliah - Essenz des Engels: Kontemplation
48. Mihael - Essenz des Engels: Fruchtbarkeit

Gebet zu den Gewalten, Michael:
Oh, ihr unüberwindbaren Gewalten,
ich bitte euch, helft mir meine wahre Identität zu entdecken
und befreit mich von äußeren Abhängigkeiten.

41. Hahahel

Der Seelenhirt.

Engelschor Gewalten, Element Luft.
Engelsfürst Michael.

Psalm 120, Vers 2
Herr errette meine Seele von den Lügenmäulern,
von den falschen Zungen!

Eigenschaften und Qualitäten:
Glaube und geistiger Reichtum.
Fördert das Studium der Geisteswissenschaft,
gibt Seelengröße und Bescheidenheit.
Seine Tugend ist Liebe und Weisheit.
Geistiger Reichtum.

14.10-.18.10.
Essenz des Engels: Spiritualität.

41. Hahahel

Er fördert das Bewusstsein das nach höheren Ebenen strebt, um das Fundament des Lebens zu erkennen. Hahahel führt in die selbstlose Tat und spendet Trost. Die Kraft von Hahahel schenkt die Verwandlung von alten Strukturen. Er gibt große Kraft, Herzensgröße, einen starken Glauben und heilende Hände.

Praktische Beispiele:

- **Partnerschaft und Beziehungen:** Er zeigt dir eine Seite in deiner Beziehung, die du noch nie beachtet hast.

- **Beruf:** Insbesondere die Heilberufe stehen unter der Gunst des Engels Hahahel. Er stützt heilende Kraft der Hände und schenkt die richtige Inspiration für Heilung.

- Wenn du dein **spirituelles Leben vertiefen** möchtest und deinen **Glauben stärken** möchtest, wird dir Hahahel zur Seite stehen und dich dein Bewusstsein erhöhen lassen.

- Beim **Studieren der Geisteswissenschaft** ist Hahehel eine große Hilfe, um Tiefgründiges zu verstehen.

- **Liebe und Weisheit** schenkt Hahahel all jenen, die die Sehnsucht danach haben. Rufe Hahahel, er wird dich in deine Herzensgröße führen.

- Hahahel **löst alte Strukturen, Verhaltensweisen, Muster** mit Leichtigkeit auf und beseelt sie neu.

- Wenn du den **Glauben verloren hast und hoffnungslos** bist, wird dir Hahahel helfen wieder glauben zu können und dich daraus neue Kraft schöpfen zu lassen.

Meine persönliche Bitte / Anliegen

Gebetsimpuls:
Großartiger Hahahel, stärke meine Glaubenskraft, indem du dein Licht auf mich herabsendest. Ich bitte dich, erleuchte mich, damit ich meinen Weg wieder klar und deutlich sehen kann.
Danke / Amen / So sei es!

Impuls des Engels:
„Verbinde dich mit dem Himmel und schwimme im Strom des Glücks, der dir von der göttlichen Urquelle zugedacht ist."

Meine persönliche Erfahrung mit Hahahel:

42. Mikael

Das Gott-Gleiche.

Engelschor Gewalten, Element Luft.
Engelsfürst Michael.

Psalm 121, Vers 7
Der Herr behüte dich vor allem Übel,
er behüte deine Seele!

Eigenschaften und Qualitäten:
Lebensfreude und Optimismus.
Schützt auf Reisen,
gibt Klarheit und Durchblick,
unterstützt die Gruppenarbeit.
Er deckt Verschwörungen auf.
Auflösen von festen Strukturen.

19.10.-23.10.
Essenz des Engels: Organisation.

42. Mikael

Mikael entlarvt jene, die vernichten wollen. Er hilft die Naturgesetze zu verstehen. Er gibt Loyalität und Ausgeglichenheit. Mikael schenkt neue Ideen und Konzepte. Er fördert das diplomatische Geschick und die Kommunikation. Reisende stehen unter seinem Schutz. Er gibt großes Verantwortungsgefühl, Ordnungssinn, Disziplin und Gewissenhaftigkeit.

Praktische Beispiele:

- **Arbeit und Beruf:** Mikael ist der Pate für die Präsidenten, Chefs, Beauftragte, Minister, Botschafter, Konsule und Lehrer. Er schenkt ihnen die natürliche Autorität und hilft segensreich zu handeln und zu führen.

- **Bei Projekten** inspiriert Mikael **zu neuen Ideen,** ordnet diese und schenkt die Disziplin, die zur erfolgreichen Umsetzung notwendig ist.

- **Beziehungen und Partnerschaft**: Er verhilft zu einer guten Ehe und lässt dich den richtigen Partner zu finden, um eine Familie zu gründen.

- Mikael lehrt die Kraft der Worte und fördert das **diplomatische Geschick.** Wenn du dir eine kraftvolle und segensreiche **Kommunikation** aneignen möchtest, wird dich Mikael lehren und führen. Er hilft auch Sprachbarrieren abzubauen.

- Wenn du **auf Reisen** gehst, schützt dich Mikael. Du kannst Mikael auch all den Menschen an die Seite stellen, die du beschützt wissen möchtest.

- Bei **Anfechtungen von außen** kannst du Mikael bitten, deine Feinde zu entlarven und dich unter seinen Schutz stellen.

- Mikael schenkt **den Verzagten** Optimismus.

Meine persönliche Bitte / Anliegen:

Gebetsimpuls:
Großartiger Mikael, hilf mir alte Strukturen aufzubrechen, damit sich für mich neue Wege öffnen.
Danke / Amen / So sei es!

Impuls des Engels:
„Söhne dich mit deinem Schicksal aus und entfalte deine schlummernden Möglichkeiten."

Meine persönliche Erfahrung mit Mikael:

43. Veuliah

Gott der Wohlstand Gewährende.

Engelschor Gewalten, Element Wasser.
Engelsfürst Michael.

Psalm 88, Vers 14
Aber Ich schreie zu Dir, Herr,
und mein Gebet kommt in der Frühe vor Dich!

Eigenschaften und Qualitäten:
Wohlstand und Reichtum.
Verhilft zu Erfolg im Beruf.
Großzügigkeit, Sympathie, Begeisterung, freundliches Wesen.
Gibt Frieden und Erfüllung.
Er erlöst aus Abhängigkeiten.
Lebensfülle.

24.10.-28.10.
Essenz des Engels: Fülle.

43. Veuliah

Er waltet über Frieden und Wohlstand. Er stärkt die innere Kraft. Er hilft innere Kämpfe zu besiegen, damit man Frieden in der Seele finden kann. Bei Ungerechtigkeit steht er bei und verhilft zu Erfolg und Ruhm. Veuliah befreit vor Streitsucht, Eifersucht und Neid. Mit seiner Hilfe entstehen Großzügigkeit und Wohlwollen in uns. Er führt in die wahre Fülle des Lebens und zu unendlichem Glück, denn das ist Gottes Wille. Durch Veuliah geschieht alles im Einklang mit Gottes Willen.

Praktische Beispiele:

- **Beziehungen:** Veuliah hilft Eifersucht und Streitigkeiten zu überwinden, sodass wieder Frieden in die Beziehung einkehrt und das Glück in der Beziehung gefunden werden kann.

- **Beruf:** Er verhilft zu Erfolg im Beruf und angemessener Bezahlung.

- Veuliah hilft auf der **Suche nach einer Arbeitsstelle** mit dem Gefühl des inneren Reichtums. Er findet die richtige Arbeit, die Freude und angemessene Bezahlung bringt.

- Er **unterstützt Unternehmer und Selbstständige**, indem er hilft, lukrative Aufträge zu erhalten und die richtigen Investitionen zu tätigen.

- **Innere Kämpfe** lassen sich mit der Kraft von Veuliah besiegen

- Wenn du **ungerecht behandelt wirst**, hilft dir Veuliah Gerechtigkeit zu erfahren und durch tugendhaftes Verhalten zu Ruhm zu gelangen.

- Mit Hilfe von Veuliah kannst du die **wahre Fülle des Lebens erfahren** und erkennen.

- Veuliah **löst dein Mangelbewusstsein auf** und führt dich zum wahren Wohlstand. Er lehrt dich, den richtigen Umgang mit Reichtum.

- Engel Veuliah bringt **das Glück in alle Lebenslagen.**

Meine persönliche Bitte / Anliegen:

Gebetsimpuls:
Engel Veuliah, ich bitte dich, wirke in mir, damit ich an der wahren Fülle des Lebens teilhaben kann, und alles was ich tue, in Einklang mit der göttlichen Harmonie ist. Danke / Amen / So sei es!

Impuls des Engels:
„Dein für dich bestimmter göttlicher Plan ist wunderbar, eine himmlische Vision."

Meine persönliche Erfahrung mit Veuliah:

44. Yelahiah

Der Diener Gottes.

Engelschor Gewalten, Element Luft.
Engelsfürst Michael.

Psalm 119, Vers 108
Lass Dir gefallen, Herr, das willige Opfer meines Mundes,
und lehre mich meine Rechte.

Eigenschaften und Qualitäten:
Weisheit und Gerechtigkeit.
Hilft Konflikte zu lösen,
unterstützt Unternehmer.
Er unterstützt in allen rechtlichen Angelegenheiten.
Mut, Tapferkeit, Ehrlichkeit.
Innere Stärke.

29.10- 2.11.
Essenz des Engels: strategische Begabung

44. Yelahiah

Eine ausgeprägte Vorstellungskraft und intensive Gefühle gehören zu seinen Tugenden. Mut und Tapferkeit sind seine Stärke. Yelahiah schenkt Weisheit und Gerechtigkeit. Die Kraft von Yelahiah schenkt in jeder Hinsicht den Erfolg. Er erfüllt Wünsche und unterstützt in der Entwicklung von Mut, Ehrlichkeit, Gerechtigkeit und große Tatkraft. Er ist der Engel der Ehrlichen und belohnt die Tapferen.

Praktische Beispiele:

- **Beziehungen:** Mit Hilfe von Yelahiah kannst du wieder intensive Gefühle zu deinem Partner entwickeln.
- **Beruf:** Yelahiah lässt all deine Vorhaben zu einem Erfolg werden. Lässt dich aber auch erkennen, was nicht erfolgsversprechend ist. Er hilft dir alles mit Humor anzugehen und zu lösen.
- Yelahiah **unterstützt die Unternehmer** in ihren Geschäften.
- Wenn dir der **Antrieb fehlt**, schenkt dir Yelahiah große Tatkraft.
- Durch die Bitte an Yelahiah, werden **deine Wünsche** nach den göttlichen Prinzipien alle **erfüllt.**
- Yelahiah **löst alle Konflikte** und lässt Gerechtigkeit walten.
- **Karmische Verstrickungen** lösen sich auf, und du bekommst eine höhere Einsicht. Innere Harmonie stellt sich ein, die nach außen leuchtet.
- In **rechtlichen Angelegenheiten** steht dir Yelahiah zur Seite.
- Yelahiah schenkt dir **innere Stärke**, Mut und Tapferkeit.

Meine persönliche Bitte / Anliegen:

Gebetsimpuls:
Heilsamer Yelahiah, Licht vom Lichte, ich bitte dich, heile Körper, Geist und Seele, und nimm alle trüben Gedanken von mir, damit ich wieder dem rechten Weg folgen kann.
Danke / Amen / So sei es!

Impuls des Engels:
„Achte die göttlichen Gesetze und lebe in Harmonie mit allem."

Meine persönliche Erfahrung mit Yelahiah:

45. Sealiah

Gott, der Antrieb aller Dinge.

Engelschor Gewalten, Element Wasser.
Engelsfürst Michael.

Psalm 94, Vers 18
Ich sprach: Mein Fuß hat gestrauchelt,
aber Deine Gnade, Herr, heilt mich!

Eigenschaften und Qualitäten:
Motivation und Begeisterung.
Hilft bei rechtlichen und finanziellen Angelegenheiten,
unterstützt Heilungsprozesse,
Willensstärke, Beharrlichkeit, Ausdauer,
Wahrheitsliebe.
Erhebt das Bewusstsein.

Schutzengel: 3.11.-7.11.
Essenz des Engels: Wille.

45. Sealiah

Gibt Mut und Vertrauen. Er bringt Lebensenergie und Gesundheit. Den Mutlosen gibt er Kraft und Vertrauen. Er kann jede Situation ins Positive verändern. Er gibt Ausdauer, um bis zum Ziel durchzuhalten. Er gibt eine liebevolle, friedvolle Energie, die es schafft Menschen in der Umgebung zu motivieren. Wissen und Gesundheit gehören zu seinen Eigenschaften. Er unterstützt beim Lernen. Mit seiner Hilfe erlangt man Willenskraft, Ausdauer und Bescheidenheit. Mit seiner Hilfe schafft man es, das Leben zu ordnen Er ist der Engel der Fleißigen, er hilft den Lebenskünstlern.
Als Heilengel hilft er bei Herzkrankheiten, Herzrhythmusstörungen und häufig auftretender Bewusstlosigkeit. Bei Angina Pectoris, Rückenmarkserkrankungen, Ausgelaugtsein, Schwindel und Gleichgewichtsstörungen.

Praktische Beispiele:

- **Partnerschaft**: Sealiah hilft dir Probleme in deiner Partnerschaft ins Positive zu verwandeln und deine Träume und Wünsche in der Partnerschaft zu verwirklichen.

- **Beruf:** Er schenkt dir die Ausdauer, die du benötigst, um bis zum gewünschten Erfolg durchzuhalten und schenkt dir die Motivation und Freude.

- Du kannst dich an Sealiah wenden, wenn du **kurz vor dem Aufgeben** bist. Sealiah schenkt dir neue Willenskraft und Vertrauen, dein Ziel zu erreichen.

- Wenn du Menschen oder deine Idee überzeugen möchtest, schenkt dir Sealiah die Qualität, um dein Umfeld **zu motivieren**.

- Bei **Rechtsstreitigkeiten** verhilft dir Sealiah zu deinem Recht

- In **finanziellen Angelegenheiten** leitet und führt dich Sealiah, damit das Beste geschieht.

Meine persönliche Bitte / Anliegen:

Gebetimpuls:
Göttlicher Sealiah, öffne mein Herz und bereite es vor, damit die Liebe Gottes durch mich wirken kann.
Engel Sealiah, Gott der Antrieb aller Dinge. Ich bitte dich, erwecke in mir meine schlummernde Willenskraft. Befreie mich von Ängsten und durchströme mein Blut mit deinem Licht, damit ich mich schnell erhole und Kraft bekomme, neue Wege zu gehen, inspiriert von deiner göttlichen Kraft.
Danke / Amen / So sei es!

Impuls des Engels:
„Bringe Herz und Verstand in Einklang und du wirst weit und frei."

Meine persönliche Erfahrung mit Sealiah:

46. Ariel

Gott, der Wahrnehmende.

Engelschor Gewalten, Element Wasser.
Engelsfürst Michael.

Psalm 145, Vers 9
Der Herr ist allen gütig.
Und erbarmt sich aller seiner Werke.

Eigenschaften und Qualitäten:
Medialität und Wahrnehmung.
Hilft den eigenen Weg zu finden.
Empfänglich für die himmlische Offenbarung.
Entwickelt neue Ideen,
Erfinder, Entschlossenheit.
Neuorientierung der Lebensführung.
Anerkennung.

8.11.- 12.11.
Essenz des Engels: Offenbarung.

46. Ariel

Engel Ariel fördert die Inspiration und offenbart die Geheimnisse der Natur. Er zeigt Wege, die materiellen und spirituellen Schätze zu finden. Er weist in den Träumen die Zukunft. Er schenkt eine gute Wahrnehmungskraft und lichtvolle Gedanken. Er gibt eine gute und starke Anziehungskraft und ein überzeugendes Auftreten. Er hilft schwierige Situationen zu lösen und hilft klare Entscheidungen zu treffen. Dem hellsichtigen Medium hilft er Vergangenheit und Zukunft zu sehen.

Praktische Beispiele:

- **Partnerschaft und Beziehungen:** Du kannst mit Ariel eine starke Anziehungskraft entwickeln, die jene Menschen in dein Leben ziehen, die dir entsprechen und das Gute für dich wollen.

- **Beruf:** Du wirst Wege in den materiellen Reichtum finden und ein überzeugendes Auftreten entwickeln.

- Ariel fördert das **Hellsehen, Hellhören, Hellfühlen, Hellschmecken, Hellriechen.**

- **Bei trüben Gedanken** hilft er dir Licht in dein Bewusstsein fließen zu lassen und lehrt dich Energien, die dir nicht gut tun, wahrzunehmen.

- Engel Ariel hilft dir dich an deine **Träume** zu erinnern und sie zu **deuten**. Er lehrt darin die Zukunft zu lesen.

- Er hilft dir durch Intuition und Verbindung zum höheren Selbst, Wege zu finden, wie du mit Leichtigkeit **Wohlstand** erlangst.

Meine persönliche Bitte / Anliegen:

Gebetsimpuls:
Engel Ariel, ich bitte dich, hilf mir die Voraussetzungen zu schaffen, damit ich mich ganz meiner Aufgabe widmen kann. Erhelle meinen Weg.
Danke / Amen / So sei es!

Impuls des Engels:
„Nutze deine schöpferischen Impulse und setze deine Pläne um.“

Meine persönliche Erfahrung mit Ariel:

47. Asaliah

Der gerechte Gott, der die Wahrheit weist.

Engelschor Gewalten, Element Wasser.
Engelsfürst Michael.

Psalm 104, Vers 24
Herr, wie sind Deine Werke so groß und so viel!
Du hast sie alle weislich geordnet
und die Erde ist voll Deiner Güter!

Eigenschaften und Qualitäten:
Kontemplation und mystische Erfahrungen.
Hilft die göttliche Wahrheit im täglichen Leben zu erkennen,
hilft neue Tendenzen zu erkennen,
Entschlossenheit, die göttliche Wahrheit mit Freude
zu verbreiten.
Liebenswürdiges Wesen.
Freude am Lernen.

13.11.- 17.11.
Essenz des Engels: Kontemplation.

47. Asaliah

Engel Asaliah fördert die Intuition. Er steht für Wahrheit und Gerechtigkeit. Er hilft die Seele zu erheben, sodass man in Wahrheit und Gerechtigkeit lebt. Jede Idee und Vorstellung wird mit Asaliah gewissenhaft umgesetzt. Er hilft das Gesetz und die wahre Gerechtigkeit zu verstehen, weltliche und geistige. Asaliah schenkt Weisheit und Rechtschaffenheit. Er begeistert für die göttliche Wahrheit. Er gibt Lust und Freude am Lernen. Er hilft Dinge entschlossen anzupacken und die göttliche Wahrheit mit Freude zu verbreiten.

Praktische Beispiele:

- **Beruf:** Asaliah hilft dir bei Schwierigkeiten in und an der Arbeit, bei scheinbar Unlösbarem, über deine Intuition eine Lösung zu finden.

- **Beziehungen:** Deinem Reifungsprozess entsprechend hilft dir Asaliah dich von alten Freundschaften zu trennen, die nicht mehr deiner Entwicklung entsprechen und neue Freunde zu finden.

- Wenn du auf eine **Prüfung lernen** musst, wird dir Asaliah helfen, mit Freude und Begeisterung zu lernen, um mit Erfolg abzuschließen.

- **Entschlossenheit**

- Asaliah fördert das **kontemplative Leben**. Wenn du Gottes Sehnsucht spürst, kannst du mit Asaliah die Verbindung schaffen.

- Er steht Pate für die **Pädagogen, Ausbilder, Professoren und Psychologen.** Er hilft ihnen die Wahrheit des Gegenübers wahrzunehmen.

- Wenn dein **Denken oder Probleme dich einschränken** und du nicht herausfindest, hilft dir Asaliah eine globale Sicht zu entwickeln

- Asaliah ist ein **schöpferisches Genie, Stratege und Planungstalent** und unterstützt dich hierbei gerne.

Meine persönliche Bitte / Anliegen:

Gebetsimpuls:
Ehrwürdiger Engel Asaliah, ich bitte dich, lass meine Intuition wachsen, damit ich andere Menschen für die Offenbarungen Gottes begeistern kann.
Danke / Amen / So sei es!

Impuls des Engels:
„Öffne dich für neue Freundschaften, sie liefern dir neue Impulse."

Meine persönliche Erfahrung mit Asaliah:

48. Mihael

Gott, der Fruchtbarkeit Gewährende.

Engelschor Gewalten, Element Wasser.
Engelsfürst Michael.

Psalm 98, Vers 2
Der Herr lässt sein Heil verkünden;
Von den Völkern lässt er seine Gerechtigkeit offenbaren!

Eigenschaften und Qualitäten:
Wachstum und Fruchtbarkeit.
Fördert das Verständnis in Partnerschaft und Familie,
hilft Selbstvertrauen zu entwickeln.
Er bringt Frieden in die Beziehung und macht sie stark.
Er unterstützt Freundschaft, er fördert die Kreativität im Beruf.
Intuition und Vorahnung.
Heilung bei Streitigkeiten.

18.11- 22.11.
Essenz des Engels: Schöpfung, Geburt.

48. Mihael

Engel Mihael steht für Wachstum und Fruchtbarkeit. Er hilft Selbstvertrauen zu entwickeln und stärkt die Intuition. Er schützt Partnerschaft und Familien und hilft bei Streitigkeiten. Er bringt Frieden in die Beziehungen und macht sie stark. Es ist der Engel der Liebenden, er bringt irdische Freude.

Praktische Beispiele:

- **Partnerschaft und Familie:** Mihael schafft Frieden und Harmonie im Eheleben, der Partnerschaft und in der Familie. Er hilft auch den richtigen Partner zu finden.

- Wenn du im **Streit mit deiner Familie** bist, wird Mihael dir helfen wieder Frieden zu schaffen.

- **Engel Mihael sorgt für inneren und äußeren Frieden**

- Mihael hilft dir dich **von Energieräubern und negativen Menschen zu lösen.**

- **Er gewährt dir himmlischen Schutz.**

- **Hilft bei Kinderwunsch.** Mihael steht für Fruchtbarkeit und hilft eine große Seele zu zeugen.

- **Vereinigung und Aussöhnung der männlichen und weiblichen Polarität.**

- Mihael ist der Patron für die **Heirat** und sorgt für die Treue zwischen Mann und Frau. Er bereitet ein friedvolles und erfülltes Eheleben**.**

- **Gabe des Hellsehens, Verbesserung der Wahrnehmung.**

Meine persönliche Bitte / Anliegen:

Gebetsimpuls:
Weiser Engel Mikael, stehe mir mit deinem Rat und deinen Wirken in meiner Partnerschaft beiseite.
Danke / Amen / So sei es!

Impuls des Engels:
„Erkenne das Gute in allem und nimm es an."

Meine persönliche Erfahrung mit Mihael:

Erzengel Haniel

Die Fürstentümer

Sie sensibilisieren uns für die Schönheit dieser Welt
und gleichen unsere Chakren aus.

Engel 49 – 56

Haniel: Die Gnade Gottes, er gibt uns Antriebskraft,
Lebensmut und Empfindsamkeit schönes zu schaffen und zu schätzen.
Göttliches verzeihen, Engel der Allumfassenden Liebe,
Hüter des Sanftheit und der Zärtlichkeit.

49. Vehuel - Essenz des Engels: Erhabenheit
50. Daniel - Essenz des Engels: Sprachgewandtheit
51. Hahasiah - Essenz des Engels: Universalmedizin
52. Imamiah - Essenz des Engels: Überwindung von Hindernissen
53. Nanael - Essenz des Engels: Geistige Kraft
54. Nithael - Essenz des Engels: Schönheit
55. Mebahiah - Essenz des Engels: Intelligenz
56. Poyel - Essenz des Engels: Glück

Gebet an die Fürstentümer:

Oh, Ihr heiligen Fürstentümer. Ich bitte euch, helft mir,
die Schönheit der Welt zu erkennen und die All-Liebe zu entwickeln.

49. Vehuel

Gott, groß und erhaben.

Engelschor Fürstentümer, Element Feuer.
Engelsfürst Haniel.

Psalm 145, Vers 3
Der Herr ist groß und löblich
und seine Größe unerforschlich!

Eigenschaften und Qualitäten:
Weisheit und Erleuchtung.
Hilft sich in Wort und Schrift auszudrücken.
Inspirationsquelle.
Altruismus, Diplomatie, Erhebung von Größe und Weisheit.
Erleuchtung.
Fördert Toleranz und Güte,
unterstützt Schriftsteller.

23.11-27.11
Essenz des Engels: Erhabenheit und Größe

49. Vehuel

Engel Vehuel hilft die Persönlichkeit zu stärken und die persönlichen Talente zu entwickeln. Er ist eine große Inspirationsquelle. Mit seiner Hilfe kann man sich von triebhaften Wünschen befreien und sich höheren Zielen widmen. Sein Wirken macht sich in Eigenschaften wie Großzügigkeit, Nachsicht und Güte bemerkbar. Durch seine erfüllende Ruhe und Frieden ist man in der Lage, in allem das Gute und das Schöne zu erkennen. Er hilft auch Kummer und Sorgen abzulegen. Mit seiner Hilfe lässt sich jedes Hindernis überwinden. Er verhilft uns zu innerer Disziplin, sozialer Kompetenz, Selbstbesonnenheit.

Praktische Beispiele:

- **Arbeit und Geld:** Er hilft dir, dass du gute Arbeit leisten kannst und dafür auch gut bezahlt wirst. Er hilft dir, Konzepte zu entwickeln und ein gutes Netzwerk aufzubauen.

- **Beziehungen und Partnerschaft**: Er unterstützt die Freundschaft, und lehrt dir einen geduldigen Umgang mit Reizpunkten in der Beziehung.

- Vehuel inspiriert in Wort und Schrift und sich darin auszudrücken. Er ist Pate **großer Schriftsteller**. Wenn du ein Buch schreiben möchtest oder Menschen durch das Wort erreichen möchtest, wird dich Vehuel führen.

- Bei **zwanghaften Wünschen und Begierden** hilft dir Vehuel, sich von ihnen zu lösen, um innerlich frei zu werden für Weisheit, und Raum zu schaffen für deine wahre Größe.

- **Kummer und Sorgen** vertreibt Vehuel durch seine Kraft.

- **Nervosität und Unruhe** löst Vehuel.

Meine persönliche Bitte / Anliegen:

Gebetsimpuls:
Verehrungswürdiger Vehuel, ich bitte dich: Hilf mir meine Fehler zu überwinden und lass Glück, Frieden und Freude in mich fließen.
Danke / Amen / So sei es!

Impuls des Engels:
„Du kannst die schlummernde Inspirationsquelle jetzt aktivieren."

Meine persönliche Erfahrung mit Vehuel:

50. Daniel

Das Wort Gottes.

Engelschor Fürstentümer, Element Wasser.
Engelsfürst Haniel.

Psalm 102, Vers 8
Ich wache und bin wie ein einsamer Vogel auf dem Dach.

Eigenschaften und Qualitäten:
Redekunst.
Unterstützt bei der Entscheidungsfindung.
Er hilft uns auf schöne und angenehme Weise Dinge auszudrücken,
hilft klar zu sehen,
hilft sich von der Materie zu lösen,
hilft klar zu sehen, Güte, Schönheit, Harmonie, Gerechtigkeit
und Gedanken in die Tat umzusetzen.
Rede und Gesang.
Er gibt Trost und Hilfe in schwierigen Lebenslagen.

28.11. -2.12.
Essenz des Engels: Sprachbegabung, Überzeugungskraft.

50. Daniel

Durch den Einfluss von Engel Daniel erreicht man diplomatisches Geschick und eine ausgeprägten Formulierungs-Kunst. Er hilft den Kern der Wahrheit zu erkennen. Er hilft den eigenen Platzt im kosmischen Gefüge zu finden. Seine Qualität schenkt einen großen Gerechtigkeitssinn.
Als Heilengel unterstützt er bei Krankheiten von Unwohlsein oder Schwäche, die die Harnwege, die Nieren, das Urogenitalsystem und Wirbel betreffen, sowie bei Diabetes, Gallen- und Nierenkoliken und Blasensteinen. Bei Sprachschwierigkeiten und Stottern.

Praktische Beispiele:

- **Arbeit und Beruf:** Er hilft dir Pläne zu schmieden und Visionen umzusetzen, damit du dir ein Fundament für deine Zukunft errichten kannst.

- **Partnerschaft und Beziehungen.** Er hilft dir in der Partnerschaft Zweifel auszuräumen und die Besonderheit deiner Beziehung zu erkennen.

- R**ede, Gesang, Redeart, kunstvolle Ausdrucksweise:** Daniel hilft dir klar und lichtvoll zu sprechen. Beim Gesang unterstützt er deine Stimme zu schulen und den richtigen Lehrer zu finden. Er hilft dir mit Herz und Verstand zu sprechen und immer den richtigen Ton zu finden, sodass deine Worte gut ankommen.

- Daniel hilft dir **klar zu sehen**.

- Er hilft dir, dich **von der Materie zu lösen** und alle Anhaftungen loszulassen, sodass du frei wirst.

- Er gibt dir Trost und Hilfe in **schwierigen Lebenslagen.**

- Bei **Sprachschwierigkeiten und Stottern** hilft dir Daniel diese zu überwinden.

- **Gesundheit:** Harnwege, die Nieren, das Urogenitalsystem und Wirbel betreffen, sowie bei Diabetes, Gallen- und Nierenkoliken und Blasensteinen

Meine persönliche Bitte / Anliegen:

Gebetsimpuls:
Wunderbarer Engel Daniel, gewähre mir deine Gabe, mich in allen Bereichen meines Lebens gut ausdrücken zu können.

Impuls des Engels:
„Achte auf einen schöpferischen Klang deiner Worte."

Meine persönliche Erfahrung mit Daniel:

51. Hahasiah

Gott der Medizin.

Engelschor Fürstentümer, Element Feuer.
Engelsfürst Haniel.

Psalm 104, Vers 31
Die Ehre des Herrn ist ewig.
Der Herr hat Wohlgefallen an seinen Werken!

Eigenschaften und Qualitäten:
Bedingungsloses Dienen und unendliche Güte
Experte in esoterischem Wissen, Kabbala, Alchemie und Metaphysik.
Führt zum Stein der Weisen,
hilft die Ursache von Krankheiten zu erkennen.
Verständnis für kosmisches Wissen.
Großes universales Heilwissen.

3.12.-7.12.
Essenz des Engels: universales Heilmittel.

51. Hahasiah

Mit der Unterstützung von Engel Hahasiah erkennt man den Kern der Dinge, er gewährt uns Einblick in die Prinzipien der Schöpfung. Er weist den Weg der Heilkunst. Hahasiah hilft ein tolerantes und liebenswürdiges Wesen zu entwickeln. Er vermittelt Kenntnisse im Bereich der Fauna, Flora und Mineralien. Er schenkt Weisheit, Erkenntnis und Herzensgüte. Er unterstützt Ärzte, Heiler und Heilpraktiker. Er lehrt uns Herausforderungen anzunehmen. Es ist der Engel, der Auswege zeigt, und seelische Wunden heilt.

Als Heilengel hilft er bei Unwohlsein, Schwäche, Hals, Nacken, Halswirbel, Kleinhirn, Kehlkopf, Ohren, Mandeln, Speiseröhre, Gaumen, Stimme, Stimmbänder, Wundbrand, Fettleibigkeit, Venendurchblutung, Universalmedizin.

Praktische Beispiele:

- **Partnerschaft und Beziehungen.** Er lehrt uns Offenheit in der Beziehung und lässt das Herz sprechen.

- **Arbeit und Beruf:** Hahasiah hilft berufliche Herausforderungen anzunehmen. Er unterstützt beim Teamaufbau.

- Bei **langwieriger oder immer wiederkehrender Erkrankung** kannst du Hahasiah um Hilfe bitten, damit endgültige Heilung, die durch Verstehen der Ursache möglich wird, geschehen kann.

- Wenn dir **die Diagnose für dein Leiden fehlt**, wird dir Hahasiah helfen, den richtigen Arzt oder Therapeuten zu finden, um die Ursache von deiner Krankheit und deinem Schmerz aufzudecken.

- Schutzpatron der hohen Wissenschaft, der **Ärzte, Heilpraktiker und Heiler**. Er lehrt sie die wahre Ursache von Krankheit und Gesundheit.

- Er vermittelt dir **großes Verständnis und Mitgefühl**, indem er dir hilft, dein Ego zu überwinden.

Meine persönliche Bitte / Anliegen:

Gebetsimpuls:
Engel Hahasiah, ich bitte dich, erfülle meine innere Leere mit deinem Licht, damit ich eine neue Sichtweise und Einstellung zu meinem Leben erhalte. Lass mich in Einklang mit den göttlichen Gesetzen leben.
Danke / Amen / So sei es!

Impuls des Engels:
„Güte und Dankbarkeit begleiten dich, du wirst jetzt reich beschenkt."

Meine persönliche Erfahrung mit Hahasiah:

52. Imamiah

Gott, der Erlösende.

Engelschor Fürstentümer, Element Feuer.
Engelsfürst Haniel.

Psalm 7, Vers 18
Ich danke dem Herrn um seiner Gerechtigkeit willen,
und ich will loben den Namen des Herrn, des Allerhöchsten.

Eigenschaften und Qualitäten:
Demut und Geduld.
Hilft Fehler zu erkennen,
fördert Willenskraft und Mut,
ermöglicht das Abtragen von karmischen Lasten,
ermöglicht das Wiedergutmachen von Fehlern und Irrtümern,
Eifer, Stärke. Große Lebenskraft.
Treue, Diener, Geduld, Mut. Demut Einfachheit.
Hilft Prioritäten zu erkennen

8.12.- 12.12.
Essenz des Engels: Überwinden von Hindernissen.

52. Imamiah

Engel Imamiah gibt Stärke und Lebenskraft. Durch seine Hilfe bekommt man Standfestigkeit und Tapferkeit. In der Energie von Imamiah kommt man in den Genuss von aufregenden Reisen und schützt diese. Er verhilft zu einer guten Selbstreflexion. Er hilft, wenn man angegriffen und benützt wird. Er hilft bei der Entwicklung von Eigenliebe und Selbstwertgefühl, Tatkraft und Durchsetzungsvermögen. Imamiah ist der Engel, der den Feind schlägt, er verleiht uns Ausdauer.

Praktische Beispiele:

- **Partnerschaft und Beziehungen:** Mit Hilfe von Imamiah kannst du Fehler erkennen und wiedergutmachen, und er sorgt für ein harmonisches, soziales Leben.

- **Beruf:** Imamiah stützt in schweren Augenblicken und hilft schwierige Arbeiten mühelos auszuführen. Er hilft dir, auch in großen Herausforderungen, fair zu bleiben.

- Imamiah schenkt dir **Eifer, Stärke, große Lebenskraft,** diese innere Größe schenkt dir äußeren **Erfolg.**

- Wenn du **unversöhnt mit Menschen** bist, kannst du Imamiah um Hilfe bitten, er lässt dich Frieden mit all deinen Feinden schließen, befreit dich aus den inneren Kerkern und schenkt Harmonie im sozialen Leben.

- Bei **Selbstzweifeln, Eigenhass und Selbstvorwürfen** schenkt dir Imamiah Eigenliebe und Selbstwertgefühl.

- Wenn du in der **Vergangenheit festhängst** und nicht vorwärtskommst, führt dich Imamiah in die Erkenntnis zur Wiedergutmachung vergangener Fehler und Irrtümer, sodass du diese begleichen kannst, um kraftvoll voranzuschreiten.

- Imamiah hilft dir **gemachte Fehler und Irrtümer zu erkennen** und wiedergutzumachen.

Meine persönliche Bitte / Anliegen:

Gebetsimpuls:
Kraftvoller Imamiah, hilf mir frei zu werden, damit ich meinen selbstgewählten Weg ungehindert gehen kann.

Impuls des Engels:
„Geh mutig den Weg, der vor dir liegt, du wirst geführt und geschützt."

Meine persönliche Erfahrung mit Imamiah:

53. Nanael

Die Kommunikation mit Gott.

Engelschor Fürstentümer, Element Feuer.
Engelsfürst Haniel.

Psalm 119, Vers 75
Herr, ich weiß dass deine Entscheide gerecht sind.
Du hast mich gebeugt, weil du treu für mich sorgst!

Eigenschaften und Qualitäten:
Nächstenliebe und Güte.
Begünstigt die Meditation und Entspannung,
fördert die Kommunikation mit der geistigen Welt,
hilft Eigensinn zu überwinden.

13.12.-16.12.
Essenz des Engels: geistige Kraft.

53. Nanael

Mit der Qualität von Nanael erhält man den Zugang zu den Geheimwissenschaften. Durch ihn entdeckt man die Liebe zur Einsamkeit und das meditative Sein, dies erleichtert die Kommunikation mit Gott. Mit seiner Hilfe findet man inneren Frieden, Freude und Glück.

Nanael steht dir als Heilengel zur Heilung bei Krankheiten der Augen, des Sehvermögens, Depressionen, Einsamkeit, Angst vor den Aufgaben des Lebens und bei Angst vor dem Versagen, zur Seite.

Praktische Beispiele

- In **Beziehungen** schenkt Nanael die Qualität auch alleine sein zu können, und statt die Erfüllung der Bedürfnisse durch den Partner zu erwarten, die wahre Erfüllung bei Gott zu finden.

- **Beruf:** Engel Nanael schenkt Lösungen für alle Hindernisse durch Meditation.

- Nanael schenkt die **Inspiration zur Meditation und Kontemplation** und leitet dich in eine höhere Kommunikation mit der geistigen Welt.

- Nanael schenkt die Kenntnis der **abstrakten Wissenschaft und der Philosophie.** Er unterstützt das Studium und führt dich zur Erkenntnis.

- Er hilft dir deine **Spiritualität im Alltag zu leben** und zu integrieren, indem du ständig mit deinem höheren Selbst verbunden bist und kommunizieren kannst.

- Bei **Depressionen, Einsamkeit, Angst vor dem Leben und vor Versagen** steht dir Nanael heilend zur Seite. Er führt dich ins Vertrauen und schenkt dir die Hilfe, die du brauchst.

- Die Heilung bei **Augenkrankheiten** unterstützt Nanael mit seiner Energie.

Meine persönliche Bitte / Anliegen:

Gebetsimpuls:
Wunderbarer Nanael, du heilst mein Augenleiden und stärkst meine Sehkraft. Damit ich wieder klar und deutlich sehen kann, worauf es im Leben ankommt und welche Ziele es wert sind, verfolgt zu werden.
Engel Nanael, der die Welt erhellt, Quelle der Weisheit, ich bitte dich, nimm den Schleier von meinen Augen. Engel Nanael, Gott der Liebe und der Weisheit, lass mich deine Stimme hören, erhelle meine Sicht mit deinem Licht, damit ich mein inneres Gleichgewicht wiederherstellen kann.
Amen / Danke / So sei es!

Impuls des Engels:
„Öffne dich der göttlichen Führung und folge deinen Eingebungen."

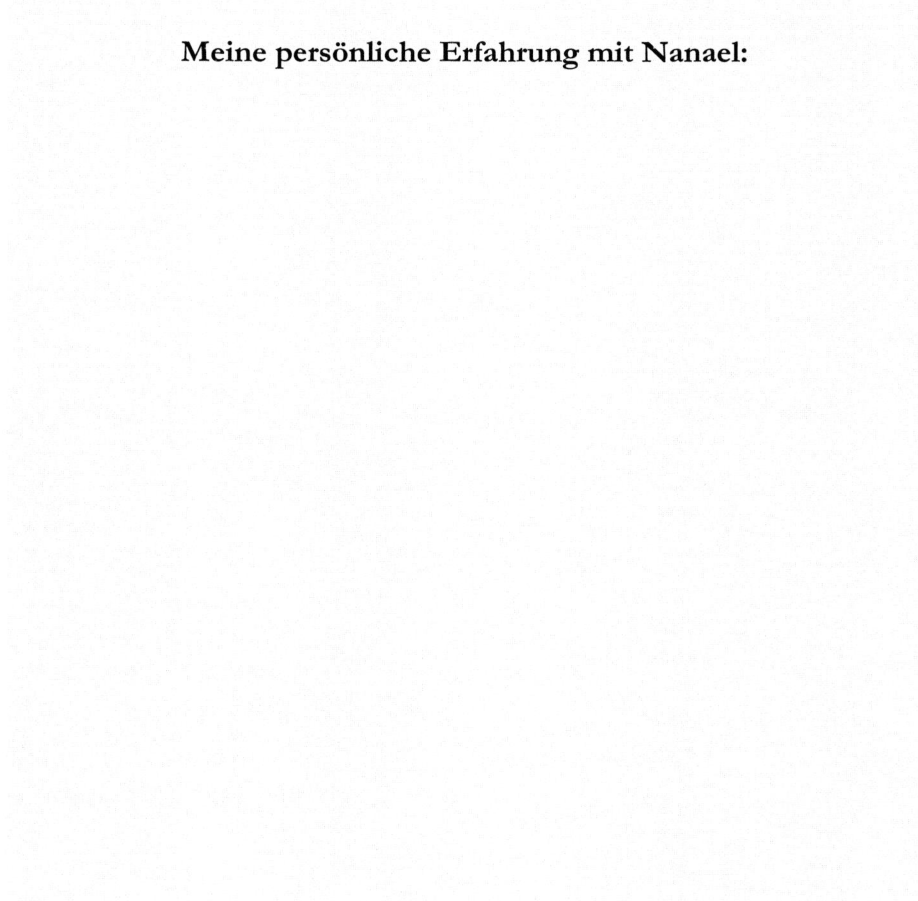

Meine persönliche Erfahrung mit Nanael:

54. Nithael

Gott der ewigen Jugend.

Engelschor Fürstentümer, Element Feuer.
Engelsfürst Haniel.

Psalm 103, Vers 19
Der Herr hat seinen Stuhl im Himmel bereit,
und sein Reich herrscht über alles!

Eigenschaften und Qualitäten:
Schönheit und Jugend.
Fördert Lebensfreude und Geselligkeit,
entwickelt Bescheidenheit, schützt vor Unfällen.
Gibt Stabilität und unterstützt die Heilung.
Innere Werte.

17.12.-21.12.
Essenz des Engels: rechtmäßiges Erbe.

54. Nithael

Nithael verhilft Autoren, Künstlern und Redner zum Erfolg. Er sorgt für Anerkennung und Ruhm. Er schafft Schönheit, Anmut, Feinheit und ewige Jugend durch innere Werte. Er lehrt die Gastfreundschaft und den warmherzigen Empfang. Seine Begleitung schützt vor Unfällen. Er ist der Engel, der weiß, was geschah und alte Schatten auflöst.
Nithael steht dir bei Operationen bei und sorgt für das Gelingen, sowie beim Anpassen von Prothesen (Zahnprothesen, orthopädischen Prothesen und Bruchbändern). Er steht für erfolgreiche Verjüngungskuren und schönheitschirurgische Operationen.

Praktische Beispiele

- Beruf: **Autoren, Künstler und Redner** führt er in den Erfolg, indem er sie unterstützt, indem er ihren Gedanken Ausdruck verleiht.

- Nithael verhilft zu **Berühmtheit und Prestige.**

- **Beruf:** Er eröffnet vielversprechende Möglichkeiten, die zum Erfolg führen.

- Nithael **schützt** dich und jene, denen du Nithael zur Seite stellst **vor Unfällen.**

- In **Beziehungen** lehrt Nithael die Gastfreundschaft und sorgt für warmherzige Begegnungen. Er zeigt dir, wer nicht zu dir passt und von wem du dich trennen solltest.

- Heilung geschieht mit seiner Hilfe durch das Auflösen von **schlechten Gedanken, einer belastenden Vergangenheit** und **Selbstzerstörung.**

- Nithael schenkt Schönheit, Anmut, Feinheit und **ewige Jugend.**

- Wenn du **operiert wirst**, wende dich an Nithael, er wird dir beistehen, dass alles gut gelingt.

- Beim **Anpassen einer Prothese** hilft dir Nithael, dass alles gut passt.

Meine persönliche Bitte / Anliegen:

Gebetsimpuls:

Segensreicher Nithael, erfülle mich mit deinem Licht, das alles erfüllt. Lass dein Licht in meinen Werken zum Ausdruck kommen.
Engel Nithael, ich bitte dich, stelle in mir mein inneres Gleichgewicht wieder her. Lass mich meinen inneren Frieden finden, verbinde mich mit der göttlichen Quelle und durchströme mich mit deiner Kraft, damit ich der Überbringer von Freude und Harmonie bin.
Danke / Amen / So sei es!

Impuls des Engels:

„Deine inneren Werte erhalten dir deine ewige Jugend und deine Freude."

Meine persönliche Erfahrung mit Nithael:

55. Mebahiah

Gott der alles Sehende.

Engelschor Fürstentümer, Element Erde.
Engelsfürst Haniel.

Psalm 102, Vers 13
Du aber Herr bleibst ewiglich,
und Dein Gedächtnis für und für!

Eigenschaften und Qualitäten:
Pflicht und Verantwortungsbewusstsein.
Intellektuelle Klarsicht.
Klare Ideen, die Güte und wohlwollen zulassen.
Bewusste und wohlbedachte Öffnung des Herzens.
Verbessert das Gedächtnis,
unterstützt die Spirituelle Entwicklung

22.12.- 26.12.
Essenz des Engels: Geistige Klarheit.

55. Mebahiah

Mebahiah führt auf den Weg der Offenbarung. Mit seiner Hilfe erreicht man Zuversicht, Kreativität und ein planvolles Vorgehen sowie ein ausgeprägtes Kommunikationstalent. Er verhilft zu Erfolg und Glück. Mebahiah hilft auf dem Weg zur Vollkommenheit. Er gibt Würde und Ansehen. Engel Mebahiah verhilft zur Schwangerschaft bei Unfruchtbarkeit. Es ist der Engel der Prediger, er leitet, er reicht das Wissen weiter.

Praktische Beispiele:

- **Bei Störungen der Merkfähigkeit** verbessert Mebahiah dein Gedächtnis.
- **Beziehungen:** Mebahiah harmonisiert das Verhalten, Sehnen und Verlangen, das in deiner Beziehung für Störungen sorgt.
- Mebahiah sorgt für die Öffnung des Herzens.
- Er spendet dir Trost in **schweren Zeiten und Trauer.** Er führt dich durch die Dunkelheit ins Licht und schenkt dir die Kraft und den Willen, nicht aufzugeben.
- Bei scheinbarer **Unfruchtbarkeit** verhilft er zur **Schwangerschaft.**
- **Beruf:** Bei beruflichen Plänen hilft Mebahiah zu Glück und Erfolg.
- Mit seiner Hilfe kannst du ein gutes **Netzwerk** aufbauen und dadurch gute Einkünfte generieren.

Meine persönliche Bitte / Anliegen:

Gebetsimpuls:
Engel Mebahiah, strahlendes Licht, ich bitte dich, hilf mir meine Gedanken zu ordnen und Klarheit zu erreichen, damit ich mit deiner Hilfe den Weg der Erleuchtung einschlagen kann, um nach dem göttlichen Plan zu leben.

Impuls des Engels:
„Durch deine Herzöffnung erkennst du den göttlichen Plan in Allem."

Meine persönliche Erfahrung mit Mebahiah:

56. Poyel

Gott, die Stütze des Universums.

Engelschor Fürstentümer, Element Erde.
Engelsfürst Haniel.

Psalm 145, Vers 14
Der Herr erhält alle, die da fallen,
und richtet auf alle, die niedergeschlagen sind!

Eigenschaften und Qualitäten:
Bescheidenheit und Demut.
Gibt Humor und Optimismus.
Reichtum auf allen Ebenen.
Schöpfer von Ideen und Stimmungen.
Redegabe, drückt sich klar und einfach aus.
Überbringer der Geschenke der Göttlichen Vorsehung

27.12.- 31.12.
Essenz des Engels: Talent, Glück.

56. Poyel

Engel Poyel unterstützt die Durchführung von Projekten. Mit seiner Hilfe kommt man zu Wohlstand. Er schenkt Humor, eine umfassende Bildung und lehrt Genügsamkeit. Ängste können überwunden werden, und man kann ein fröhlicher, positiver und humorvoller Mensch werden. Mit seiner Hilfe kann ein gesichertes, sorgenfreies Leben geführt werden, wozu auch Partnerschaft und materieller Wohlstand gehören. Er hilft den nötigen Lebensunterhalt sowie Liebe und Sympathie zu erlangen. Poyel ist der Engel, der Wünsche erfüllt und den Mensch gerne lachen sieht.
Zur Heilung von Krankheiten die durch Unfälle verursacht wurden und bei, Unfällen, bei Schwäche, Unwohlsein, die die Drüsen betreffen.

Praktische Beispiele

- **Beruf:** Poyel unterstützt alle Projekte und führt zum entsprechenden Wohlstand.
- **Partnerschaft:** Durch Integration von Liebe und Sympathie findet sich der richtige Partner, mit dem man ein sorgenfreies Leben führen kann.
- Poyel führt dich in den **Reichtum auf allen Ebenen.**
- Er sorgt für einen guten **Ruf, Renommee und Berühmtheit.**
- Überbringer der Geschenke von der göttlichen Vorsehung.
- Poyel schenkt dir **Optimismus und gute Laune.**
- Er schenkt dir Redegabe, damit du dich klar ausdrücken kannst.

Meine persönliche Bitte / Anliegen:

Gebetsimpuls:

Erhabener Poyel, helfe mir Genügsamkeit zu erlangen, sobald ich alles habe, was ich brauche. Segne mich mit Glück, Liebe und Erfolg. Ich bitte dich, lass mich immer erkennen, was wichtig ist im Leben,

Engel Poyel, ich bitte dich, durchströme mich mit deiner göttlichen Liebe und erlöse mich von der Vergangenheit. Lass deine Kraft durch meinen Körper strömen und mein inneres Wesen berühren. Unterstütze mich mit deiner Liebe, damit ein neues Bewusstsein in mir erwacht.

Danke / Amen / So sei es!

Impuls des Engels:

„Gott wirkt in wundersamer Weise durch dich. Und beschenkt dich reich."

Meine persönliche Erfahrung mit Poyel:

Die Erzengel

Sie helfen uns zum Zugang zum universellen Wissen
des Kosmos und in unserem inneren die Balance
von Spiritualität und Materie zu erreichen

Engel 57 – 64

Raphael: Der Heiler Gottes, er lenkt unser Bewusstsein
und vermittelt Heilung.
Er heilt die Gedanken und Seelenkräfte.

57. Nemamiah - Essenz des Engels Unterscheidungsvermögen
58. Yeialel - Essenz des Engels: Geistesstärke
59. Harahel - Essenz des Engels: Reichtum
60. Mitzrael - Essenz des Engels: Wiederaufbau
61. Umabel - Essenz des Engels: Freundschaft
62. Iahhel - Essenz des Engels: Wahres wissen
63. Anauel - Essenz des Engels: Einheit
64. Mehiel - Essenz des Engels: Inspiration

Gebet zu den Erzengeln:
Oh, ihr Heiligen Erzengel, ich bitte euch,
helft mir das Gute vom Schlechten zu unterscheiden
und öffnet mir die Pforte zum kosmischen Wissen.

57. Nemamiah

Gott des Unterscheidungsvermögens.

Engelschor Erzengel, Element Erde.
Engelsfürst Raphael.

Psalm 115, Vers 11
Die den Herrn fürchten hoffen auf den Herrn,
er ist ihre Hilfe und ihr Schild!

Eigenschaften und Qualitäten:
Handlungsfähigkeit.
Hilft finanzielle Probleme zu lösen,
gibt Urteilskraft und Handlungsfähigkeit.
Er sendet uns Warnträume,
entdeckt die Ursache der Probleme.
Seelengröße, strategisches Genie.
Besitzt die Kraft der Vorausahnung.
Verständnis für den Seelenplan.

1.1.-5.1.
Essenz des Engels: Auffassungsgabe.

57. Nemamiah

Engel Nemamiah fordert uns auf, die eigene Kreativität zu entwickeln, damit man Großes leisten kann. Mit seiner Hilfe wird jedes Problem an der Ursache erkannt, um es dort zu lösen und unwiderruflich auszulöschen. Er fördert die Vorausahnung und gibt Seelengröße, damit man den Seelenplan verstehen kann. Er fordert auf, die Mission, die man auf Erden hat, zu erfüllen. Er inspiriert zur geistigen Kreativität, das Großes zustande bringt, und zum Erfolg führt. Er führt auf den richtigen Weg und sendet Wegweiser und Orientierungspunkte. Nemamiah ist der Engel seelischen Reichtums, er hilft uns Träume zu deuten.

Praktische Beispiele

- **Arbeit und Beruf:** Er macht dich darauf aufmerksam, dass du keine Luftschlösser baust, sondern auf dem Boden der Tatsachen bleibst.

- **Beziehungen und Partnerschaft:** Er hilft dir das Vertrauen zu stärken. Er erinnert dich mehr Sinnlichkeit in die Beziehung mit einfließen zu lassen. Gemeinsame Ziele stecken, Lebensfreude und Glück zu leben.

- Wenn du **mental festhängst**, kannst du mit Nemamiahs Hilfe die Ursache deines Problems erkennen, damit du wieder handlungsfähig wirst.

- Nemamiah hilft dir deinen **Seelenplan zu erkennen**, damit du dich klar ausrichten kannst und klare Entscheidungen triffst.

Meine persönliche Bitte / Anliegen:

Gebetsimpuls:
Engel Nemamiah, ich bitte dich, befreie mich aus meinem Gefängnis und gib mir klare Zeichen, damit ich meinen Lebensplan erkennen und verstehen kann. Danke / Amen / So sei es!

Impuls des Engels:
„Verändere deinen Blickwinkel und du kannst deine Probleme lösen."

Meine persönliche Erfahrung mit Nemamiah:

58. Yeialel

Gott, des schöpferischen Gedankens.

Engelschor Erzengel, Element Erde.
Engelsfürst Raphael.

Psalm 6, Vers 3
Herr sei mir gnädig, denn ich bin schwach;
Heile mich, Herr, denn meine Gebeine sind erschrocken!

Eigenschaften und Qualitäten:
Klugheit und Geistesstärke.
Fördert die Konzentration.
Analytischer Verstand.
Er fördert unsere Urteilskraft,
Meisterung der Leidenschaften und der emotionalen Impulsivität.
Ordnung und Gerechtigkeitssinn, Impulsivität.
Aufrichtigkeit, Idealismus und Fairness, Gesundheit und Heilung.
Erfolg im Beruf, lässt uns unsere Berufung erkennen.

Schutzengel: 6.1.- 10.1.
Essenz des Engels: Geistestärke

58. Yeialel

Mit seiner Hilfe können mentale Kräfte entwickelt werden. Mit seiner Hilfe werden geistige Fähigkeiten, Klugheit und Besonnenheit gefördert, die sehr brauchbar bei Computer- und Programmierarbeiten sind. Er unterstützt Heilungsprozesse. Er schenkt dir geistige Größe, um aufrichtig zu sein. Er zeigt wie man mit Verstand und Weisheit zum Erfolg kommen kann.
Als Heilengel hilft er bei Unterleibsbeschwerden, Milz, Leber, Blinddarm, Lungenleiden, Schwächen oder Unfällen, die die Bauchhöhle, den Unterleib, die Milz und Leber betreffen, Bauchfellentzündung, Cholera, Lähmung, bei Operationen und frühzeitigem Altern und jeder Krankheit, deren Ursache nicht eindeutig geklärt werden kann.

Praktische Beispiele:

- **Arbeit und Beruf.** Er hilft dir in deinem Berufsleben klare Entscheidungen zu treffen, und die Ideen so lange für dich zu behalten, bis du auf jemanden triffst, der dich in deinen Plänen unterstützt und fördert.

- Yeialel gibt dir Konzentrationskraft und unterstützt dich bei **der Entwicklung und Programmierung von Projekten,** in denen es um Präzision geht.

- Mit seiner Hilfe kannst du deine **Berufung erkennen.**

- **Beziehung und Partnerschaft:** Engel Yeialel hilft dir in deiner Partnerschaft zu erkennen, ob die Verbindung aus wahrer Liebe besteht und ob der Ausgleich in der Beziehung stimmt.

- Durch Yeialel entwickelst du **Konzentration, Klugheit und Geistesstärke.**

- Mit Hilfe von Yeialel gelingt dir **die Meisterung deiner Leidenschaften und Impulsivität.**

- Yeialel ist der Engel für **Gesundheit und Heilung bei Unterleibsbeschwerden, Milz, Leber, Lunge, Blinddarm.**

- Mit seiner Hilfe entwickelst du einen ausgeprägten Gerechtigkeitssinn**. Bei Ungerechtigkeit** kannst du ihn um Hilfe bitten. Er hilft dir die Ursache zu erkennen und lässt Gerechtigkeit walten.

Meine persönliche Bitte / Anliegen:

Gebetsimpuls:
Engel Yeialel, ich bitte dich, befreie mich von Traurigkeit und Ängsten. Durchströme mich mit deiner göttlichen Kraft, damit meine Wunden heilen. Bitte beschütze und führe mich
Begleite mich Engel Yeialel, himmlisches Lichtwesen, auf meinem Lebensweg und führe mich auf dem richtigen Weg, dann werde ich alles klar sehen und mein Leben in Einklang mit der himmlischen Ordnung führen.
Danke / Amen / So sei es!

Impuls des Engels:
„Meditation und Ruhe fördert deine Konzentration und bringt dich in deine Mitte."

Meine persönliche Erfahrung mit Yeialel:

59. Harahel

Gott der alle Dinge kennt.

Engelschorerzengel, Element Erde.
Engelsfürst Raphael.

Psalm 113, Vers 3
Vom Aufgang der Sonne bis zu ihrem Niedergang.
Sei gelobt der Name des Herrn!

Eigenschaften und Qualitäten:
Intelligenz und Leichtigkeit.
Fördert Wohlstand und Vermögen,
hilft Schriftsteller und Journalisten,
hilft finanzielle Probleme zu lösen.
Er steht für geistigen Reichtum,
kann durch intellektuelle Fähigkeiten
zu Wohlstand und Vermögen gelangen.

11.1.-15.1.
Essenz des Engels: Reichtum.

59. Harahel

Mit seiner Hilfe wird leicht und gerne gelernt. Durch intellektuelle Fähigkeiten kann man zu Wohlstand und Vermögen kommen. Er unterstützt das Verlagswesen, die Schriftstellerei und den Druck. Es ist der Engel der Freundschaft, der den Charakter stärkt.

Praktische Beispiele:

- **Arbeit und Beruf:** Er hilft dir dein Ziel nicht aus den Augen zu verlieren, damit dein langfristiger Erfolg gesichert ist.

- **Beziehungen und Partnerschaft**: Er fordert dich auf, deine Beziehung zu prüfen, ob es eine gemeinsame Zukunft gibt.

- **Schriftsteller und Journalisten** werden von ihm inspiriert, dem Zeitgeist entsprechend die richtigen Themen zu erfassen.

- Harahel hilft dir **deine finanziellen Probleme zu lösen.** Er sprengt die Ketten falscher Überzeugungen von Wohlstand und zeigt dir wie du deine finanziellen Probleme lösen und Wohlstand aufbauen kannst.

- Verlage bekommen die richtigen Impulse, sich mit den richtigen Produkten zu positionieren.

Meine persönliche Bitte / Anliegen:

Gebetsimpuls:
Engel Harahel, du großzügiges Himmelwesen, der du teilhast an den göttlichen Gedanken und an den Wünschen und Sehnsüchten der Menschen, die die Wahrheit erfahren wollen, lass meinen Geist fruchtbar sein.
Danke / Amen / So sei es!

Impuls des Engels:
„Folge deinem Weg und deinen Eingebungen und du erlangst Wohlstand."

Meine persönliche Erfahrung mit Harahel:

60. Mitzrael

Gott, der die Bedrückten tröstet.

Engelschor Erzengel, Element Erde.
Engelsfürst Raphael.

Psalm 145, Vers 17
Der Herr ist gerecht in seinen Wegen
und heilig in allen anderen Werken!

Eigenschaften und Qualitäten:
Verständnis und Versöhnung.
Hilft bei der Heilung von Geisteskrankheit.
Klarheit im Denken.

16.1.-20.1.
Essenz des Engels: Wiederaufbau.

60. Mitzrael

Er hilft sich in Wort und Schrift gut auszudrücken. Mit seiner Hilfe kann man lernen, die Emotionen zu beherrschen. Er steht für geistige Gesundheit und Geschicklichkeit im Beruf, Klarheit im Denken und in der Kommunikation. Er befreit von Angstzuständen und hilft mangelnde Disziplin zu überwinden. Er hilft kleine alltägliche Erlebnisse als Schicksal der Offenbarung zu erkennen.
Als Heilengel ist er besonders wirksam im Bereich der Lungen, Bronchen, der Luftröhre, Thymusdrüse und bei Nervosität. Befreit von chronischer Müdigkeit und Migräne.

Praktische Beispiele:

- **Arbeit und Beruf:** Er fordert dich auf, das Alte zu analysieren und dir dann neue Wege zu suchen.

- **Partnerschaft und Beziehungen**. Mit seiner Hilfe kannst du dich für eine neue Liebe öffnen oder die alte Beziehung wieder neu erblühen lassen und Enttäuschungen zu vermeiden.

- Geisteskrankheiten: Er unterstützt **Therapeuten, Psychologen und Psychiater** bei der Behandlung und führt sie zur richtigen Diagnose.

- **Befreit von Angstzuständen:** Er hilft dir die Ursache deiner Ängste zu erkennen und sie zu lösen.

- **Instandsetzung und Reparatur**: Mitzrael gibt dir die richtigen Impulse bei allen Arten von Reparaturen, sowohl in Materiellen, wie auch im seelischen Bereich.

- Engel Mitzrael ist ein guter Helfer bei Lebensprüfungen wie auch bei Schulprüfungen. Er hilft überflüssigen Stress lozuwerden.

- Mitzrael hilft dir deine **Leidenschaften zu lösen**, die zu viel Raum in dir in Anspruch nehmen.

- Bei **Migräne.**

Meine persönliche Bitte / Anliegen:

Gebetsimpuls:
Engel Mitzrael, Gott der Wandlung und der Weisheit, ich bitte dich, löse mich von meinen inneren Konflikten. Der Klang deines Namens ist Allheilmittel für Körper Geist und Seele. Schenke mir Kraft, mich selbst zu besiegen, damit ich ein langes, gesundes und erfülltes Leben, leben kann.
Danke / Amen / So sei es!

Impuls des Engels:
„Deine geistigen Reserven sind unerschöpflich. Sie stehen dir immer zur Verfügung.“

Meine persönliche Erfahrung mit Mitzrael:

61. Umabel

Die Begegnung mit Gott.

Engelschor Erzengel. Element Luft.
Engelsfürst Raphael.

Psalm 113, Vers 2
Gelobt sei des Herrn Name.
Von nun an bis in Ewigkeit

Eigenschaften und Qualitäten:
Freundschaft und Bewusstseinsentwicklung.
Fördert das Studium von Musik, Astrologie und Physik,
fördert die Bescheidenheit,
unterstützt die Bewusstseins-Entwicklung,
enthüllt das Geheimnis des Mineral-Pflanzen und Tierreich.
Glück, Zufriedenheit, Liebe und Dankbarkeit.
Innere Unzufriedenheit, Narzissmus
werden mit seiner Hilfe spielerisch überwunden.

21.1.-25.1.
Essenz des Engels: Freundschaft.

61. Umabel

Engel Umabel unterstützt die Bewusstseins-Entwicklung und enthüllt die Geheimnisse des Mineral-, Pflanzen- und Tierreich. Glück, Zufriedenheit, Liebe und Dankbarkeit können mit seiner Hilfe entwickelt werden. Innere Unzufriedenheit und Narzissmus werden mit seiner Hilfe spielerisch überwunden.

Praktische Beispiele:

- **Arbeit und Beruf**: Er fördert Teamgeist und vermittelt Zukunftsperspektiven und schenkt dir Zufriedenheit. Er gibt dir die Fähigkeit, andere zu führen.

- **Beziehungen und Partnerschaft**: Er fordert dich auf, dich auf deine Gefühle zu verlassen, und wenn es gut ist, deine Beziehungen zu festigen. Umabel hilft dir auch, die Entwicklung zwischen dir und deinem Partner richtig zu verstehen

- **Narzissmus** kann mit Hilfe von Umabel überwunden werden.

- Er hilft dir **beim Studieren von geistigen Gesetzmäßigkeiten** und unterstützt dich bei deiner Bewusstseinsentwicklung.

- Er hilft dir **dein Wissen weiterzugeben**, als **Lehrer oder Ausbilder**, sowohl als weltlicher sowie als geistlicher Lehrer.

- Umabel hilft dir **die Geheimnisse des Mineral-, Pflanzen- und Tierreichs zu erforschen und zu verstehen.** Du wirst auch die Zusammenhänge zu deiner Innenwelt erkennen.

Mein persönliches Anliegen / Bitte:

Gebetsimpuls:
Engel Umabel, ich bitte dich, unterstütze mich bei meiner Bewusstseinsentwicklung und gib mir die Möglichkeit, meine Fähigkeit und Erkenntnisse weiterzugeben.

Impuls des Engels:
Bleibe mit der Quelle verbunden und nimm dir Zeit zum Träumen.

Meine persönliche Erfahrung mit Umabel:

62. Iahhel

Gott, das höchste Wesen.

Engelschor Erzengel, Element Luft.
Engelsfürst Raphael.

.

Psalm 2, Vers 11
Dienet dem Herrn mit Furcht
Und freut euch mit Zittern!

Eigenschaften und Qualitäten:
Göttliche Weisheit und Erkenntnis.
Begünstigt das Hellhören und Hellsehen,
hilft karmische Schulden abtragen.
Höheres Wissen.
Abtragen karmischer Verstrickungen.
Meditation, Konzentration, Klarheit im Denken.
Gradlinig den Weg der göttlichen Tugenden zu gehen.
Erfolg als Pädagoge und tiefen Einblick in Sinn des Lebens.

26.1.-30.1.
Essenz des Engels: Wunsch nach Wissen.

62. Iahhel

Er hilft uns Eitelkeit und Flatterhaftigkeit zu überwinden. Er trägt dazu bei, positive Qualitäten zu entwickeln Er verhilft zur Klarheit im Denken. Es ist der Engel der guten Partnerschaft und die, die lehrende Kraft schenkt. Iahhel löst von Karma und karmischen Verstrickungen. Er hilft beim Hellhören und Hellsehen.

Praktische Beispiele:

- **Arbeit und Beruf:** Er hilft die Wege zu gehen, die du dir bis jetzt nicht zugetraut hast. Pädagogen unterstützt er in ihrer Arbeit.

- **Liebe und Partnerschaft:** Iahhel zeigt dir, ob es besser ist, sich zu trennen oder aufeinander zuzugehen. Er achtet darauf, dass du am Ende glücklich bist.

- Iahhel hilft dir **deine Wahrnehmung über die Sinne zu schulen**.

- Bei **Stress und Unruhe** verhilft er dir zur inneren Ruhe. Er gibt dir die Möglichkeit für **eine Auszeit**.

- Bei **karmischen Verstrickungen und Schulden** hilft er dir, diese zügig abzutragen und zu lösen.

Mein persönliches Anliegen / Bitte:

Gebetsimpuls:
Engel Iahhel, ich bitte dich, schaffe in mir die Balance und vermittle mir die göttliche Weisheit.
Danke / Amen / So sei es!

Impuls des Engels:
„Wage es groß zu denken."

Meine Erfahrung mit Iahhel:

63. Anauel

Der unendliche gute Gott.

Engelschor Erzengel, Element Luft.
Engelsfürst Raphael.

Psalm 2, Vers 11
Dienet den Herrn mit Furcht
und freut euch mit Zittern.

Eigenschaften und Qualitäten:
Wahrnehmung und Hellsichtigkeit.
Unterstützt die Heilung,
hilft bei der Lösung von finanziellen Problemen.
Schutz vor Unfällen.
Organisationsinn, Verwalter, Planer.
Erleichtert die Kommunikation.

31.1.- 4.2.
Essenz des Engels: Harmonie und Einheit.

63. Anauel

Mit seiner Hilfe können wir Frieden erreichen. Erfindungen machen. Engel Anauel hilft erfolgreich in Bank- und Geldgeschäften zu sein. Durch ihn werden Großzügigkeit und Hilfsbereitschaft gefördert. Er hilft Verschwendungssucht und Vergeudung zu überwinden. Es ist der Engel des Alltäglichen, der Motive aufdeckt.
Als Heilengel hilft er bei Muskel- und Knochenleiden.

Praktische Beispiele:

- **Arbeit und Beruf**: Mit seiner Hilfe kannst du dir eine geschäftliche Zukunft schaffen mit verlässlichen Partnern. Er fordert dich auf, achtsam zu sein mit dem Geld.

- **Partnerschaft und Beziehungen**: Er hilft dir zerbrochen Freundschaften zu heilen. Anauel unterstützt dich in allen zwischenmenschlichen Beziehungen Freude zu verbreiten.

- Anauel hilft dir ein **guter Werbefachmann** zu sein und dich in der Öffentlichkeit gut zu positionieren.

- **Emotionen, Wut, Hass und Angst** hilft er dir zu meistern.

- Er hilft **Visionären ihr Projekt erfolgreich umzusetzen,** indem er die richtigen Impulse und Inspirationen gibt.

- Anauel erleichtert die **Kommunikation**, die jedes Gespräch in Freude und Leichtigkeit führen lässt.

Meine persönliches Anliegen / Bitte:

Gebetsimpuls:

Engel Anauel, du unendlicher guter Gott. Befreie mich von meinem beschränkten Denken, und lehre mir die Meisterung meiner Emotionen.
Danke / Amen / So sei es!

Impuls des Engels:

„Verfeinere deine Intuition, und du wirst Situationen und Entwicklungen sofort erkennen."

Meine persönliche Erfahrung mit Anauel:

64. Mehiel

Gott, der alle Dinge mit Leben erfüllt.

Engelschor Erzengel, Element Luft.
Engelsfürst Raphael.

Psalm 111, Vers 2
Groß sind die Werke des Herrn,
Wer ihrer achtet, der hat Freude daran.

Eigenschaften und Qualitäten:
Inspiration und Intuition.
Intensives Leben.
Unterstützt Schriftsteller und Verlagswesen.
Technische Entwicklung, Computer.
Programmierung.
Hilft persönliche Erfahrung zu verstehen.
Fernseh- und Radio.

5.2.-9.2.
Essenz des Engels: Stärkung.

64. Mehiel

Hilft Selbstvertrauen zu entwickeln. Er fördert und ermöglicht uns die innere Öffnung und Reinigung, Durch seinen Einfluss erhalten wir eine geordnete Gedankenwelt und eine emotionale Ausgeglichenheit. Hilft Kritiksucht zu überwinden. Inspiriert Redner. Er fördert die technische Entwicklung und schult den Intellekt.

Praktische Beispiele:

- **Arbeit und Beruf:** Er verhilft dir zur Aktivität und Inspiration in allen Bereichen der Technik und des Verlagswesen.

- **Beziehung und Partnerschaft:** Er hilft dir Unstimmigkeiten in der Partnerschaft aufzulösen.

- **Programmierern, Softwareentwickler** können mit seiner Hilfe die richtige Inspiration bekommen und ihre Projekte zeitnah voranbringen.

- Fördert die **Schriftstellerei und das Verlagswesen**.

Mein persönliches Anliegen / Bitte:

Gebetsimpuls:
Engel Mehiel, Gott der alle Dinge, mit Leben erfüllt, belebe und inspiriere mich, damit ich mein Leben kreativ gestalten kann
Danke / Amen / So sei es!

Impuls des Engels:
„Setze Impulse und achte auf deine Intuition."

Meine persönliche Erfahrung mit Mehiel:

Die Engel

Sie stehen uns auf dem Weg der Realisation zur Seite, sie zeigen uns unsere Gaben und Schatten.

Engel 65 - 72

Gabriel: Der Verkünder Gottes.
Hüter von Geburt und Tod

65. Damabiah - Essenz des Engels: Quelle der Weisheit
66. Manakel - Essenz des Engels: Erkenntnis von Gut und Böse
67. Eyael - Essenz des Engels: Verwandlung
68. Habuhiah - Essenz des Engels: Heilung
69. Rahael - Essenz des Engels: Rückerstattung
70. Jabamiah - Essenz des Engels: Alchemie
71. Haiaiel - Essenz des Engels: Beschützt
72. Mumiah - Essenz des Engels: Erneuerung

Gebet zu den heiligen Engeln:
Oh, Ihr heiligen Engel.
Ich bitte Euch, steht mir in der materiellen Welt bei,
sodass sich meine Wünsche realisieren.

65. Damabiah

Gott, Quelle der Weisheit.

Engelschor Engel. Element Luft.
Engelsfürst Gabriel.

Psalm 90, Vers 13
Herr, kehre Dich doch wieder zu uns
und sei deinen Knechten gnädig!

Eigenschaften und Qualitäten:
Spiritualität und Weisheit.
Fördert Meditation und bedingungslose Liebe.
Hilft bei aussichtslosen Situationen.
Reinheit, Sanftmut, Güte.
Glück bei allen Unternehmungen, hilft Weisheit zu erfahren,
ist mit dem Wasser und den Gefühlen verbunden.

10.2.-14.2.
Essenz des Engels: Weisheit und Liebe.

65. Damabiah

Engel Damabiah hilft auf einfache Weise voranzukommen. Er unterstützt die Heilung bei Schmerzen, Kummer und Krankheiten. Damabiah hilft emotionale Verwirrungen zu überwinden. Er fördert die geistige Vitalität. Er schützt vor dem Bösen und hilft Wut und Aggression zu überwinden. Der Engel Damabiah hilft aus großer Not, indem er die Fehler zeigt, sodass es sich lösen kann.

Praktische Beispiele:

- **Arbeit und Beruf:** Er hilft dir in deiner Arbeit Vertrauen und Verantwortungsbewusstsein aufzubauen, damit du dich besser durchsetzen kannst. Er hilft dir zu materiellem Erfolg durch innere Zufriedenheit.

- In der **Partnerschaft und in Beziehungen** hilft er dir Vertrauen und Zutrauen aufzubauen. Damabiah hilft dir innere Freiheit in deinen Beziehungen zu erlangen.

- Damabiah kannst du rufen, wenn du dich **in stürmischen Gefühlszuständen** befindest. Er schenkt dir Ruhe und Zuversicht.

- Bei **Schmerzen, Kummer und Krankheiten** unterstützt Damabiah die Heilung und befreit von Schmerz.

- In **aussichtslosen Situationen** führt dich Damabiah aus der Not heraus und schenkt dir Weisheit, um Lösungen zu finden.

Meine persönliche Bitte / Anliegen:

Gebetsimpuls:

Engel Damabiah, Gott der Weisheit und der Liebe, ich bitte dich, führe mich gut durch die Gefühlsstürme meines Lebens und schenke mir deine bedingungslose Liebe.
Gütiger Damabiah, ich bitte dich, hilf mir in aussichtslosen Situationen klare Entscheidungen zu treffen.
Danke / Amen / So sei es!

Impuls des Engels:

„Göttliche Weisheit wirkt durch dich und löst jede aussichtlose Situation."

Meine persönliche Erfahrung mit Damabiah:

66. Manakel

Gott, der allen Dingen hilft und sie unterhält.

Engelschor Engel. Element Luft.
Engelsfürst Gabriel.

Psalm 38, Vers 22
Verlass mich nicht, Herr!
Mein Gott, sei nicht fern von mir!

Eigenschaften und Qualitäten:
Stabilität und Vertrauen.
Hilft zu erkennen was Gut und Böse ist.
Vertrauen. Freundlich wohlwollend.
Lässt uns unser tiefverborgenes Potenzial erkennen.
Hohe Einweihung.
Hilft verschwundene Gegenstände und Personen wiederzufinden

15.2.-19.2.
Essenz des Engels: Erkenntnis von Gut und Böse.

66. Manakel

Engel Manakel unterstützt die Heilung. Er verhilft zu charakterlicher Stabilität. Mit seiner Hilfe erreicht man ein friedvolles Leben. Es ist der Engel, der Karma löst. Manakel lässt das eigene Potential erkennen und hohe Einweihungen erfahren. Er hilft Verlorenes wiederzufinden.
Als Heilengel hilft Manakel bei Hautausschlag, Arthritis, Gelenkrheumatismus, Gicht, Hysterie, Wundbrand, Lähmungen, Kinderlähmung und fördert den Haarwuchs.

Praktische Beispiele:

- **Beruf:** Er verhilft dir zur Stabilität in deinem Beruf oder in der Selbstständigkeit.

- **Beziehungen und Partnerschaft:** Er fördert günstige Umstände in jeder Beziehung. Er lässt bei alten Beziehungen die Gefühle neu erwachen.

- Wenn du **einen Menschen vermisst**, bitte Manakel um seine Führung, er wird die Wege ermöglichen ihn wiederzufinden.

- Wenn du **etwas verloren hast**, führt dich Manakel es wiederzufinden.

- Manakel hilft dir dein noch unentdecktes Potential zu erkennen. Er hilft dir deine Gaben zu entdecken.

- Bist du dir nicht sicher **was richtig oder falsch, gut oder böse ist**, wirst du von Manakel zur Wahrheit geführt.

- Hast du den **Boden unter den Füßen verloren**, so hilft dir Manakel zu Stabilität und neuem Vertrauen.

Meine persönliche Bitte / Anliegen:

Gebetsimpuls:
Engel Manakel, Gott der Gesundheit und des Wissens, durchdringe mich mit deinem Wesen, damit ich mein Herz wieder verstehen kann, und mein Leben so annehme, wie es ist. Bitte öffne die Pforte zu Gesundheit und Glück.
Danke / Amen / So sei es!

Impuls des Engels:
„Durch Wohlwollen und Güte stärkst du dein Selbstvertrauen."

Meine persönliche Erfahrung mit Manakel:

67. Eyael

Gott, Freude der Kinder und der Menschen.

Engelschor Engel, Element Wasser.
Engelsfürst Gabriel.

Psalm 37, Vers 4
Habe deine Lust am Herrn, der wird dir geben,
was dein Herz begehrt!

Eigenschaften und Qualitäten:
Freude und Weisheit.
Hilft Zeichen zu erkennen,
fördert die Kochkunst, Malerei und Musik.
Freude, Visionär, Verwandlung, Mutation,
Studium der Hohen Wissenschaften.

20.2.- 24.2.
Essenz des Engels: Wandlung.

67. Eyael

Eyael hilft uns in allen Dingen etwas Gutes zu entdecken und in schweren Stunden Trost zu finden. Er fördert Großherzigkeit und spirituelle Entwicklung und kann bei Schlaflosigkeit, Schlafstörungen und Albträumen helfen. Mit seiner Hilfe erreichen wir Weisheit und göttliche Erleuchtung. Er unterstützt dich bei der Verbesserung deiner Lebensumstände. Er schenkt dir Freude am Leben. Er hilft Fehler zu überwinden und findet in allen etwas Gutes. Eyael ist der Engel für ein langes Leben.
Als Heilengel hilft Eyael bei Schlafstörungen und Albträumen.

Praktische Beispiele:

- **Beruf:** Du kannst mit Hilfe von Eyael alles zu verändern und nach deinen Vorstellungen verbessern. Er hilft dir auch eine neue Arbeit zu finden. In der Selbstständigkeit hilft er dir neue Ideen zu finden, die auf fruchtbaren Boden fallen.

- **Partnerschaft:** Welche Veränderung du dir für deine Beziehungen auch wünschst: Von der Distanz zur Nähe, von Lieblosigkeit zur Zärtlichkeit, wende dich an Eyael, er wird dir helfen. Er schafft im Wechselbad der Gefühle Klarheit.

- Eyael hilf dir deine **Lebensumstände zu verwandeln**: Angst in Mut, Mangel in Wohlstand usw. Überlege dir, was du verändern möchtest, und lade Eyael ein, die Wandlung zu vollbringen.

- In **schweren Zeiten** wirst du bei Eyael Trost finden. Er hilft dir, das Gute darin zu entdecken und damit die Veränderung anzuschieben.

- Engel Eyael hilft dir die **Zeichen im Alltag zu erkennen** und somit die Botschaften der Engel an dich lernen zu sehen und zu deuten.

- Bei **Schlaflosigkeit, Schlafstörungen und Albträumen** wird er dir helfen, die Ursache zu erkennen und wieder zur Ruhe zu finden.

Meine persönliche Bitte / Anliegen:

Gebetsimpuls:
Engel Eyael, ich bitte dich, lass dein Wesen in meinen Geist fließen, gib du mir die Ruhe, die ich nicht finden kann. Engel Eyael, bitte befreie mich von Sorgen und Ängsten, damit ich meine spirituellen Ziele erkennen kann. Ich bitte dich, stelle in mir deine göttliche Ruhe wieder her. Danke.

Impuls des Engels:
„Folge deiner Intuition, sie werden dich sicher führen."

Meine persönliche Erfahrung mit Eyael:

68. Habuhiah

Gott, der Heilende.

Engelschor Engel, Element Wasser.
Engelsfürst Gabriel.

Psalm 106, Vers 1
Danket dem Herrn, denn er ist freundlich
und seine Güte währet ewiglich!

Eigenschaften und Qualitäten:
Heilung.
Unterstützt die Landwirtschaft
und liebt die Natur.
Bringt den Einklang mit den göttlichen Normen.
Gleicht die Phasen zwischen den Zeitverschiebungen aus.
Gartenarbeit.

25.2.-29.2.
Essenz des Engels: Heilung.

68. Habuhiah

Habuhiah steht für Fruchtbarkeit des Bodens. Er hilft die Intuition zu schulen und die Stimmungen anderer Menschen richtig einzuschätzen.
Er hilft Freundlichkeit, Einfühlungsvermögen und Optimismus zu entwickeln. Er hilft Krankheiten aller Art zu heilen und zu lindern. wenn es das Karma zulässt. Es ist der Engel der Gefühle, der lenkt und Blumen blühen lässt.
Habuiah hilft bei Kopfschmerzen, Migräne, Gehirnschlag, Hirnhautentzündung und Fieber.

Praktische Beispiele:

- **Arbeit und Beruf:** Er hilft dir für deine Projekte die richtigen Leute zu finden mit den verschiedensten Temperamenten, damit eine dynamische Kreativität für dein Unternehmen entsteht.

- **Beziehungen:** Er hilft dir in deiner Beziehung die Hochs und Tiefs einfühlsam zu meistern.

- Habuhiah unterstützt die **Landwirtschaft und Gartenarbeit**. Er lässt alles fruchtbar werden und lässt die Blumen blühen.

Meine persönliche Bitte / Anliegen:

Gebetsimpuls:

Himmlischer Habuhiah, Engel der Gesundheit, ich bitte dich, hilf mir gesund zu bleiben.

Engel Habuhiah, der großzügige Gott, bitte bringe mir meinen inneren Frieden und stärke meinen Organismus. Lass deine Gnade über mein Haupt strömen. Ich bin voller Vertrauen, dass du mein Wesen mit deinem göttlichen Licht durchstahlst, damit ich zur inneren Ruhe komme, und wieder in Einklang mit den göttlichen Gesetzen lebe. Danke.

Danke / Amen / So sei es!

Impuls des Engels:

„Lerne gelassen zuzusehen wie sich die Dinge entwickeln und wachsen."

Meine persönliche Erfahrung mit Habuhiah:

69. Rochel

Gott der alles sieht.

Engelschor: Engel, Element Wasser.
Engelsfürst Gabriel.

Psalm 16, Vers 5:

Du, Herr, bist alles, was ich habe;
Du gibst mir, was ich zum Leben brauche.
In deiner Hand liegt meine Zukunft,

Eigenschaften und Qualitäten:
Intuition und Hellsichtigkeit.
Findet Verlorenes wieder,
hilft schwierige Situationen zu meistern.
Intuition, Geben und Empfangen.
Bereinigen und auflösen von karmischen Lasten und Schulden.
Notar Richter.
Rückerstattung gewährt jedem das, was ihm zusteht.
Nachfolge, Erbschaft.
Studium der göttlichen Gesetze und Gerechtigkeit.
Ausgleich der Polarität.

Schutzengel: 1.3.-5.3.
Essenz des Engels: Rückgabe.

69. Rochel

Rochel findet verlorengegangene und gestohlene Gedanken, Gefühle und Sachen wieder. Er befreit von Energieräubern und Existenzängsten. Er hilft familiäre Probleme zu lösen. Es ist der Engel, der die Ehre schützt und vor Schwindlern warnt.

Praktische Beispiele:

- **Arbeit:** Er unterstützt dich, jemanden zu finden, der dir hilft, deine verlorengegangenen Visionen wiederzufinden.

- **Partnerschaft:** Er verhilft dir in der Beziehung ehrlich zu dir selbst zu sein und lässt dich erkennen, was das Geheimnis einer harmonischen Partnerschaft ist und wie du diese erhältst.

- Er hilft dir **verlorengegangene** Sachen wiederzufinden. Auch verlorene Gefühle hilft er neu zu beleben.

- **Notare, Richter, Verwalter und Buchhalter** können seine Hilfe in Anspruch nehmen.

- **Schulden / Karmische Lasten**: Er befreit dich von deinen Existenzängsten und hilft dir bei der Bereinigung deiner weltlichen Schulden. Er befreit dich von Schuldgefühlen, die aus der Vergangenheit stammen.

- **Gerechtigkeit:** Er verhilft dir zu deinem Recht bei allem, was dir entwendet wurde.

- **Schwierige Situationen** hilft er zu überwinden. Bitte Rochel um seine Hilfe.

Meine persönliche Bitte / Anliegen:

Gebetsimpuls:
Großartiger Engel und gerechtes Lichtwesen, ich bitte dich, lass mir Gerechtigkeit widerfahren.
Danke / Amen / So sei es!

Impuls des Engels:
„Selbsterkenntnis ist eine Lebensaufgabe, die dich jede schwierige Situation meistern lässt."

Meine persönliche Erfahrung mit Rochel:

70. Jabamiah

Gott, der Begleiter.

Engelschor Engel, Element Wasser.
Engelsfürst Gabriel.

Genesis 1, Vers 1
Am Anfang schuf Gott
Himmel und Erde.

Eigenschaften und Qualitäten:
Alchemie, verwandelt das Böse in das Gute.
Hilft bei der Sterbebegleitung,
fördert Philosophie und Psychologie,
entwickelt Mut und Willenskraft.
Wiederherstellung der Harmonie.

6.3.-10.3.
Essenz des Engels: Umwandlung .

70. Jabamiah

gibt lichtvolle Energien. Er hilft Angst vor Veränderung zu überwinden, Altes hinter sich zu lassen und sich neu auszurichten. Jabamiah hilft schlechte Ernährungsgewohnheiten zu überwinden. Er hilft bei jeder Art von Reinigung, besonders beim Fasten. Mit seiner Hilfe erfährt man Erholung und Regeneration. Es ist der Engel, der zu überwinden hilft.
Als Heilengel hilft er bei allen Angstneurosen und bei allen Geisteskrankheiten wie Psychosen und Neurosen, für Geist und Gedächtnis auch bei altersbedingtem Gedächtnisverlust.

Praktische Beispiele:

- **Arbeit und Beruf:** Er verhilft dir zu mehr Selbstausdruck in deiner Arbeit.
- **Beziehungen und Partnerschaft:** Er verhilft zu einem verständnisvollen Miteinander.
- **Unterstützt Sterbende** beim Gehen. Den **Sterbebegleitern** gibt er Kraft und Impulse, die dem Sterbenden helfen.
- **Mut und Willenskraft.**
- Wiederherstellung der Harmonie: **Verwandelt alle negative Emotionen in positive, konstruktive Gefühle**.
- Alchemie: **verwandelt „Dreck in Gold“.** Alles scheinbar Schlechte lässt dir Jabamiah zum Segen werden.
- Beim **Fasten und Reinigen** hilft dir Jabamiah Gifte aus dem Körper zu entlassen und mit neuen gesunden Aspekten zu füllen.
- Jabamiah unterstützt dich **bei der Ernährungsumstellung** und gibt dir die nötige Kraft und Willen, um die alten Gewohnheiten loszulassen.
- Bei **großen Veränderungen** steht dir Jabamiah bei, damit du das Alte loslassen und dich auf das Neue einlassen kannst.

Meine persönliche Bitte / Anliegen:

Gebetsimpuls:
Wunderbarer Jabamiah, himmlischer Heiler, der über meinem Geist und meiner Psyche wacht, ich bitte dich, bewahre mich vor allen Krankheiten.
Engel Jabamhiah, ich bitte dich, durchströme mich mit deinem göttlichen Atem, damit mein Ideenreichtum und meine Großzügigkeit wieder zum Erblühen kommen und sich in spirituelles Gold verwandeln.
Amen / Danke / So sei es!

Impuls des Engels:
„Nimm deine Angst an, damit sie sich wandeln kann.

Meine persönliche Erfahrung mit Jabamiah:

71. Haiaiel

Gott Herrscher des Universums.

Engelschor Engel, Element Wasser.
Engelsfürst Gabriel.

Psalm 109,3
Ich will dem Herrn sehr danken mit meinem Munde
und ihn rühmen unter vielen.

Eigenschaften und Qualitäten:
Mut und Tapferkeit.
Gibt viel Energie,
hilft Entscheidungen zu treffen.
Göttlicher Schutz um die besten Entscheidungen zu treffen.
Entwickelt viel Energie,
befreit von denen, die uns unterdrücken.
Lichtvolle Aura, Lebensfreude.

11.3.-15.3.
Essenz des Engels: Mittel zum Erfolg.

71. Haiaiel

Er schult das Differenzierungsvermögen und stärkt den Willen. Haiaiel setzt sich für Frieden und Harmonie ein. Er hilft das Wesentliche zu erkennen und zu bewahren. Mit seiner Hilfe kann man Zwistigkeiten beenden und aus Feinden Freunde machen. Er hilft Verrat und Unterdrückung zu überwinden. Mit seiner Hilfe können Lebensmuster erkannt werden, die sich wiederholen und durchbrechen. Es ist der Engel der Versöhnung.

Praktische Beispiele:

- **Beruf und Arbeit:** Er lässt dich erkennen, wo du dich immer wieder wiederholst, hilft dir den Kreislauf zu durchbrechen und gibt dir neue Impulse.

- **Partnerschaft und Beziehungen:** Haiaiel bringt in deine Beziehungen Freude, Spaß und Harmonie.

- Haiaiel hilft dir **deine inneren Konflikte** zu **überwinden** und stärkt deine innere Stärke und deinen Mut.

- Er hilft dir dein „Inneres Gefängnis" zu verlassen und **deine eigenen Grenzen zu sprengen.**

- Er **entwickelt** deine Qualitäten und Werte und damit **deine Heiligkeit.**

- Haiaiel **aktiviert den Helden in dir.**

- Haiaiel verhilft dir zu einer gut funktionierenden **Intuition** und hilft dir deine Aura zu entfalten. Du entwickelst eine „innere Alarmanlage", die dir immer rechtzeitig Hinweise gibt.

- Er hilft dir deine Lebenserfahrung und deine Intuition gut einzusetzen. Er **zeigt dir deinen Weg** und macht dir Mut über deine Grenzen hinauszugehen.

Meine persönliche Bitte / Anliegen:

Gebetsimpuls:
Engel Haiaiel, ich bitte dich, befreie mich von meinen inneren Konflikten, schenke Kraft, stärke und gib mir göttlichen Schutz, damit ich immer die richtigen Entscheidungen treffe.

Impuls des Engels:
„Schöpfe aus deiner Lebensfreude Kraft, und wisse, alles entwickelt sich gut."

Meine persönliche Erfahrung mit Haiaiel:

72. Mumiah

Das Ende aller Dinge.

Engelschor Engel, Element Wasser.
Engelsfürst Gabriel.

Psalm 116, Vers 7
Sei nun wieder zufrieden meine Seele,
denn der Herr tut Gutes.

Eigenschaften und Qualitäten:
Hilft zu beenden.
Sterbebegleitung.
Hilft bei Depression und Angst.
Verständnis des Reinkarnationsgesetzes.
Große Lebenserfahrung. Bewusstseineröffnung.
Konkrete Realisierung.

16.3.-20.3..
Essenz des Engels: Erneuerung.

72. Mumiah

Mumiah ist der Engel der Vollendung. Er unterstützt bei Erschöpfung und nervlicher Belastung, Er stärkt den Glauben und macht Mut in schwierigen Lebensphasen. Er hilft alles, was man begonnen hat, erfolgreich zu Ende zu bringen. Er unterstützt in Veränderungsprozessen und erweitert das Bewusstsein. Er gibt Antworten auf innere Fragen. Er verhilft zu einem lange glücklichen Leben. Er lehrt „Stirb und werde" als natürlichen Lebensprozess und setzt den Keim für was Neues. Er hilft Träume zu verwirklichen. Mumiah hilft mit Heiterkeit, Verzweiflung depressive Neigungen zu überwinden. Mumiah hilft allen Dingen auf den Grund zu gehen und stärkt bei Stress und Erschöpfung. Es ist der Engel, der den Glauben stärkt und den Kranken Mut macht.
Als Heilengel hilft er bei Tumor-Leiden und Erschöpfung, bei nervlicher Belastung und Depressionen.

Praktische Beispiele:

- Mumiah hilft dir Altes abzuschließen und Neues zu beginnen.
- Beziehungen: Begegnen, als wäre es das letzte Mal, erste Mal.
- Er hilft dir deine Arbeit gut abzuschließen, zum Ende zu bringen.
- Mumiah hilft dir in Beziehungen alles zu einem guten Abschluss zu bringen. Bei Scheidungen hilft er die Vergangenheit gut abzuschließen und sich für Neues zu öffnen.
- Bei Depressionen und Angst hilft dir Mumiah
- Bei Tumor-Leiden und Erschöpfung, bei nervlicher Belastung und Depressionen.

Meine persönliche Bitte / Anliegen:

Gebetsimpuls:

Engel Mumiah, Gott, der den Schlüssel zum Universum besitzt, öffne im mir die Pforte zum Universum, lass mich meinen Weg erkennen und führe mich zur inneren Ruhe, lass mich den Weg für meine Zukunft finden. Danke.

Impuls des Engels:

„Bringe alles, was du begonnen hast, zur Vollendung.“

Meine persönliche Erfahrung mit Mumiah:

Autoren-Portrait

Mein Name ist Ulrike Stöckle, Jahrgang 1956, bin verheiratet
und habe zwei Kinder. Mit 27 Jahren machte ich mich selbstständig.
Der ständige Leistungsdruck und die hohen Erwartungen
an mich selbst führten mich in eine persönliche Lebenskrise
und brachten mich schließlich zu den Fragen:
Wer bin ich?
Und was möchte ich?

Auf der Suche nach mir selbst, und als die Welt mir am dunkelsten
erschien, erfuhr ich die Führung der Engel, die mir seitdem den Weg weisen.
Ich habe auf meinem Weg viel gesehen, erfahren und gelernt.
Ich erfuhr mehr über meine ganz persönliche Spiritualität und lernte
die traditionelle kabbalistische Engellehre mit ihren 72 Heilströmen kennen.
Ich habe verschiedene Ausbildungen absolviert,
Heiltechniken gelernt und Einweihungen erhalten.

Die Lehre von den Engeln ist ein Lernen über uns
Engel tragen uns, sie schenken uns Lebensfreude und stärken uns.
Sie lassen uns mit uns selbst ins Reine kommen.
Wir lernen ‚Ja' zu sagen zu uns selbst
und zu den Menschen in unserer Umgebung.

Engel als Wegweiser in Glück
Als ausgebildeter Gesundheitscoach, Mentaltrainerin, Energietherapeutin
und Engelcoach begleite ich Menschen mit Herz und Verstand,
und helfe ihnen, ihre positiven Energien zu aktivieren,
ihre individuellen Qualitäten zu entdecken
und ihr ganz persönliches Glück
zu finden.

Lernen Sie, Kontakt zu Ihren persönlichen Engeln aufzunehmen
und deren positive Energie für Ihre individuellen Ziele zu nutzen.

Engel sind Qualitäten in Ihnen,
die Sie entdecken und entfalten können.

Quellnachweis:

Engel - die kosmische Intelligenz: Matthew Fox/Rupert Sheldrake
Die moderne Kabbala: Migene Gonzales-Wippler
Die mystische Kabbala: Dion Fortune
Die Engel deines Lebens: Jean Maria Pfaffenhoff
Die Rückkehr der Engel: Michaela Albrecht.
Die Früchte des Lebensbaums: Omraam Mikhael Aivanhov
Gebete für Gesundheit und Heilung: Haziel
Mit dem eigenen Schutzengel kommunizieren: Haziel
Kabbala Engel - Orakel: Manticus
Das große Buch der Engel: Jeanne Ruland
Das Buch der Engel Band 1: Kaya und Christiane Müller
Das Buch der Engel - Die Heilung der Erinnerung: Kaya und Christiane Müller
Wie man Zeichen liest: Kaya und Christiane Müller
Was tun die Engel in unserem Astralleib: Rudolf Steiner
Engel-Kräfte: John Randolph Prinz
Die Antwort der Engel: Gitta Mallasz
Engel: Sophy Burnham
Die Lehren der Essener: Dr. Ed. Bordeaux Szekely
Die Engel von Geburt und Tod: Liselotte Baertz
Engelmächte. Hans-Dieter Leuenberger
Schick mir Schutzengel: Patre Pio, Alessio Parente

Anmerkung:

Die Unterstützung der Engel und die Arbeit mit ihnen, **ersetzt keinen Arzt**, unterstützt jedoch jeden Heilungsprozess und inspiriert dich dazu, was du alles tun kannst, damit der Heilungsprozess schnell und gut voranschreitet.

Weitere Infos, Seminare, Engels-Coaching und Engelprodukte unter:

Ulrike Stöckle, Engellehre

www.engellehre.de
www.engel-onlineshop.com

„Zeichen und Symbole im Alltag erkennen“

Marion und Ulrike Stöckle

Was dir die Zeichen auf deinem Weg sagen wollen.
Praktischer Leitfaden, um die Zeichen und Symbole, die uns täglich begegnen, lesen und deuten zu können.

Mit Hilfe der Zeichen und Symbole das eigene Leben (besser) verstehen lernen und Lebensfragen beantworten.